知識ゼロからの古文書を読む

古賀弘幸

やぶそば

小諸そば
KOMORO SOBA

幻冬舎

まえがき

「古文書」を読む楽しみは、文字を通じて過去の人々の生活や息吹にじかに触れることにあるのかもしれません。ただし、「古文書」を読むためには、ある程度の経験と知識が必要です。各地の公民館などでも古文書読解の講座はさまざまに開かれていますし、多くの入門書が出版されています。

その前段階として、やはり近代より前の〈昔の文字〉がどのように書かれてきたか、現在の文字とは大きく異なる、豊かなあり方に関する知識があったほうがいいでしょう。いきなりすらすらと読めなくとも、〈昔の文字〉に慣れ、手で書きながら親しむことから始めてはいかがでしょうか。本書ではそのような視点を考慮しながら、江戸時代から大正時代まで、あるいは現在でも残る、変体仮名（へんたいがな）やくずし字を素材にして、「古文書」に本格的にアプローチするための準備のプロセスに着目しました。

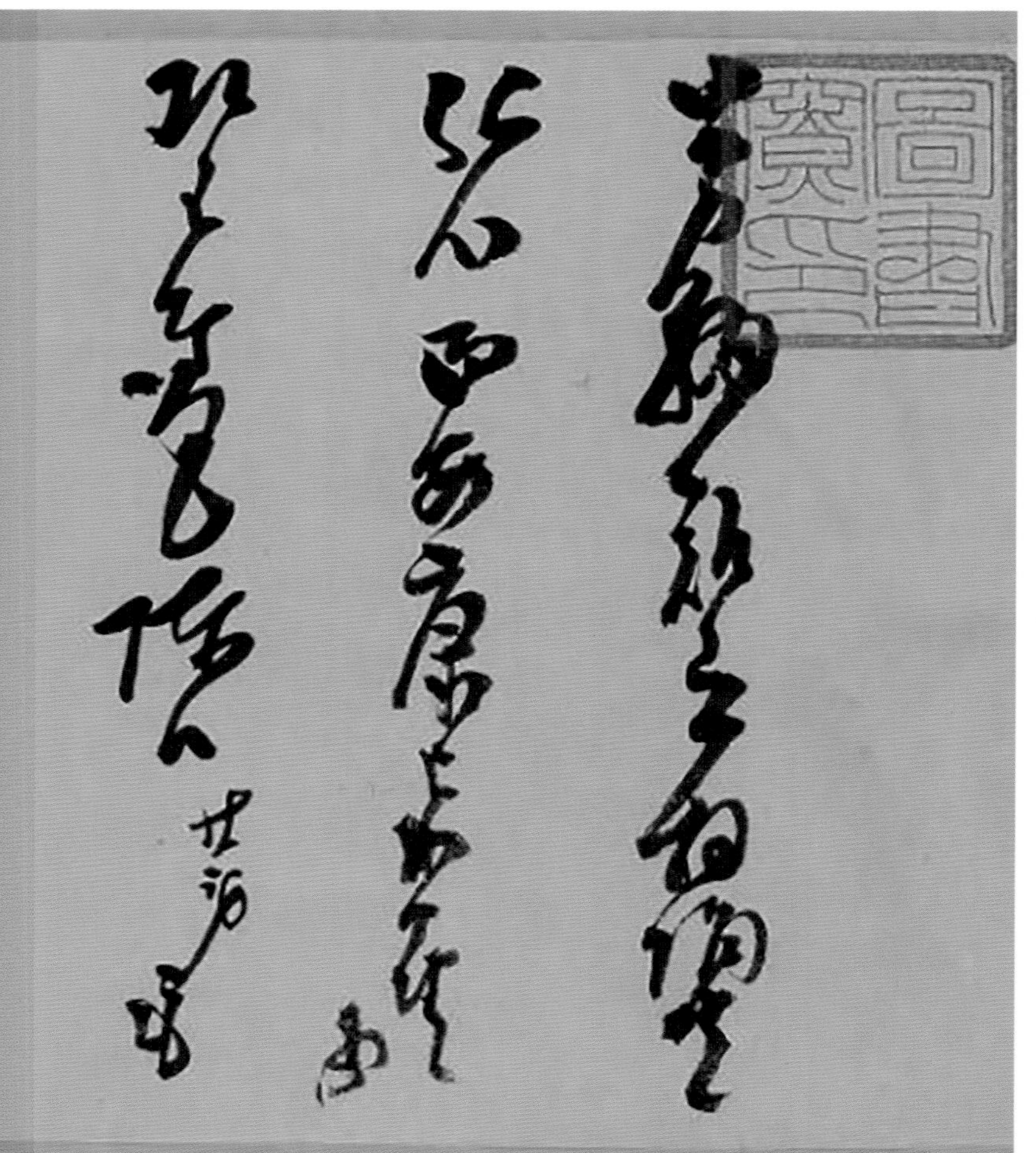

西郷隆盛書状を読む

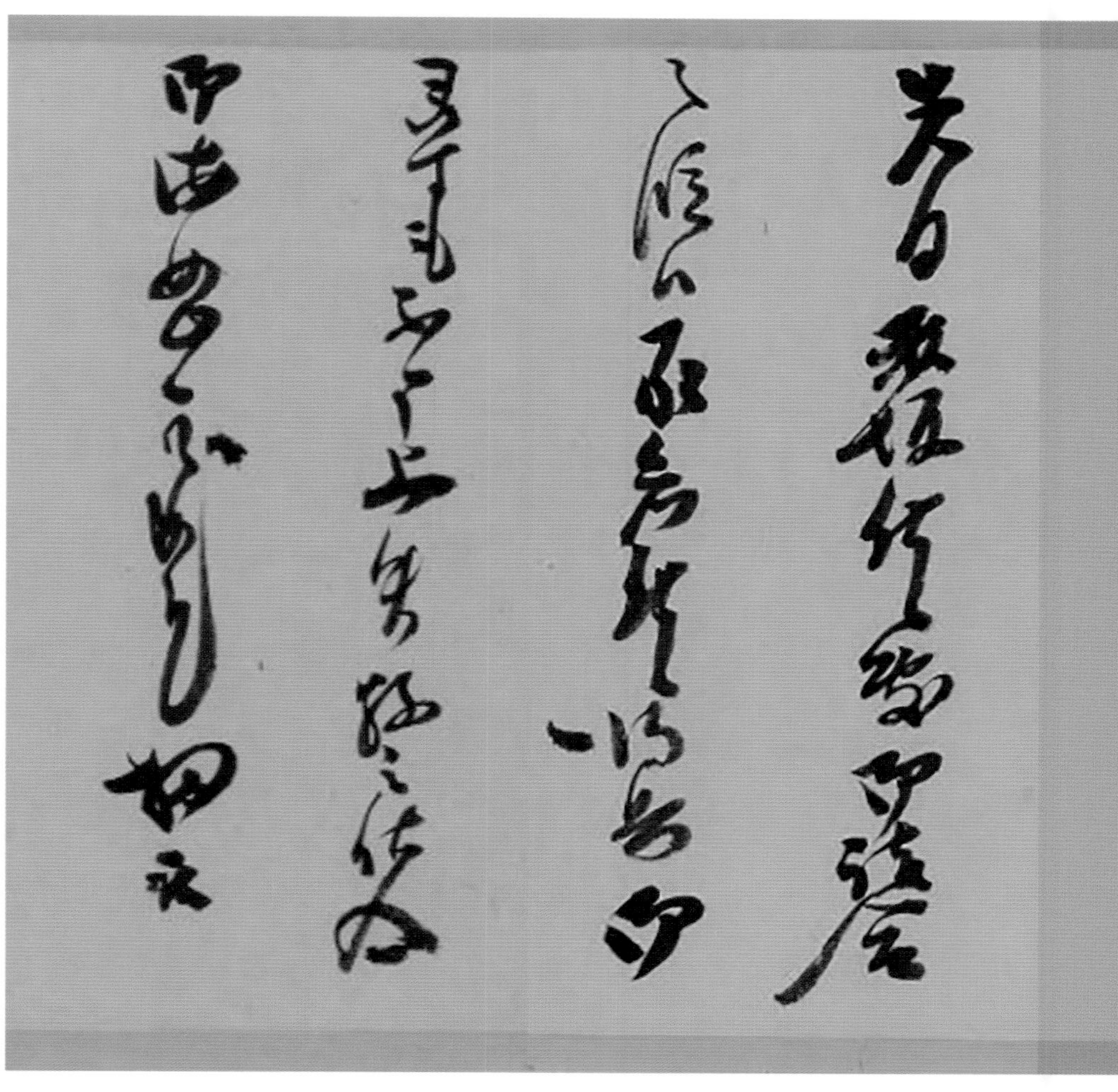

可被成下（なしくださるべく）候

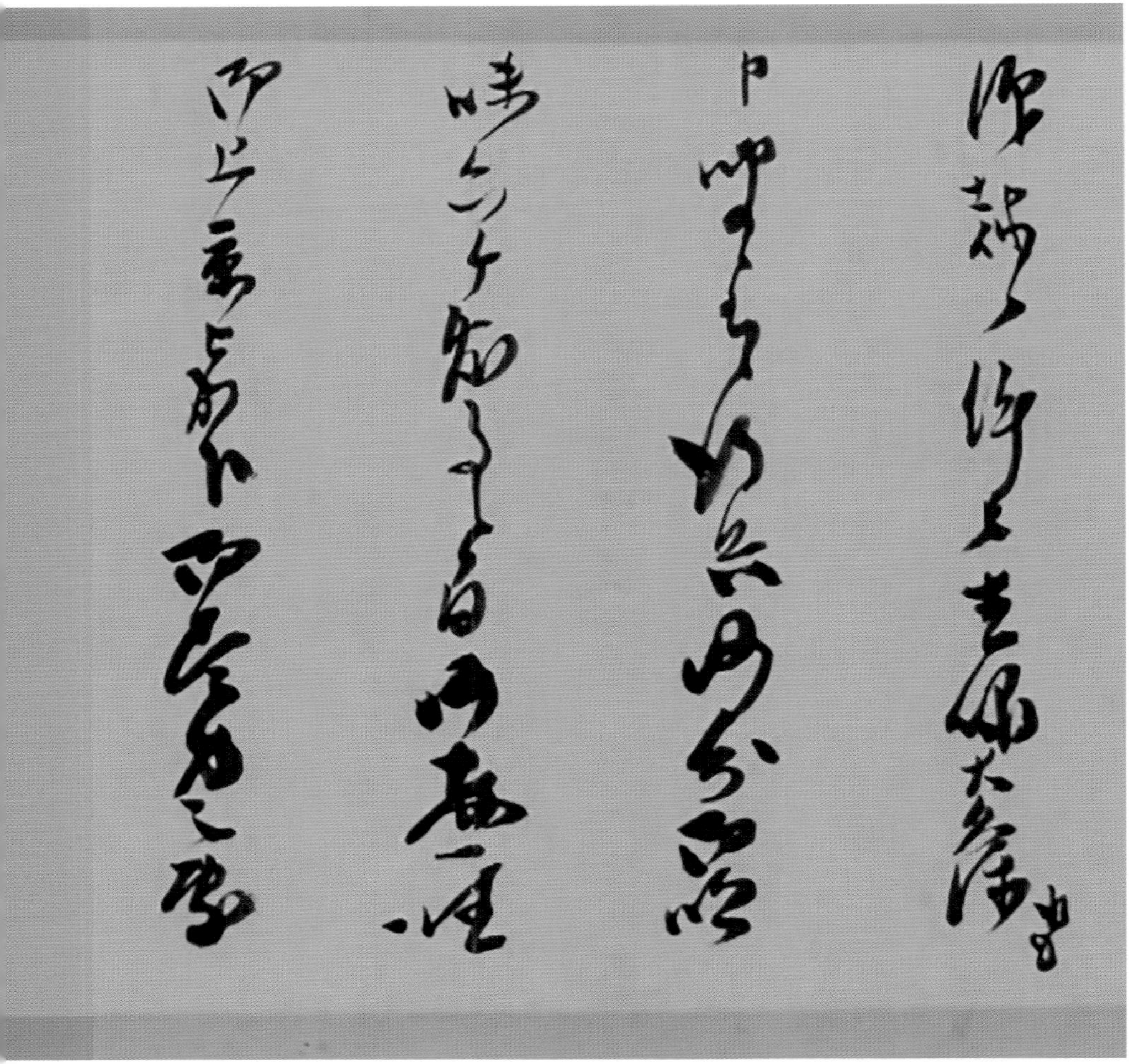

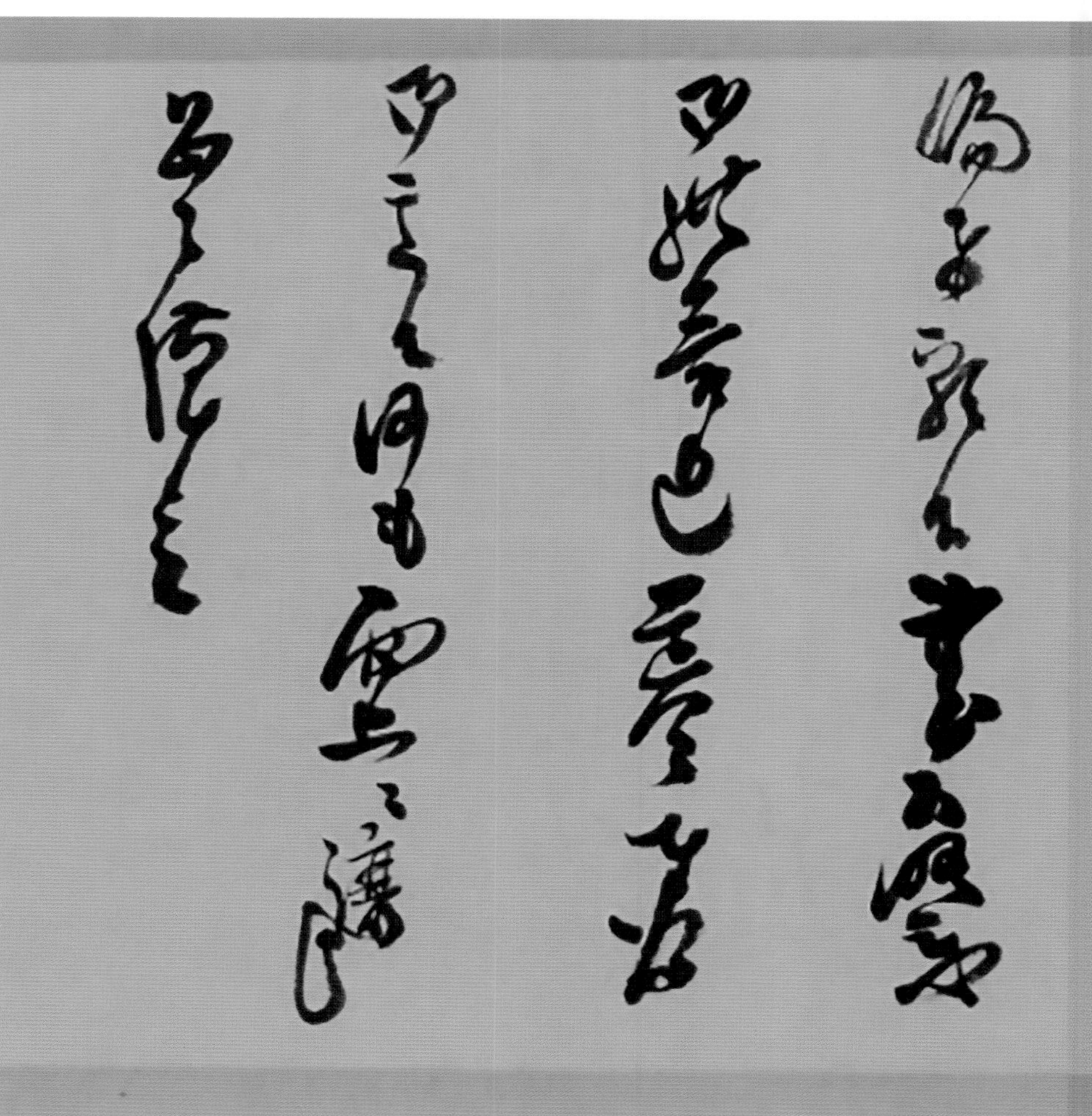

合字化した「譲申候」

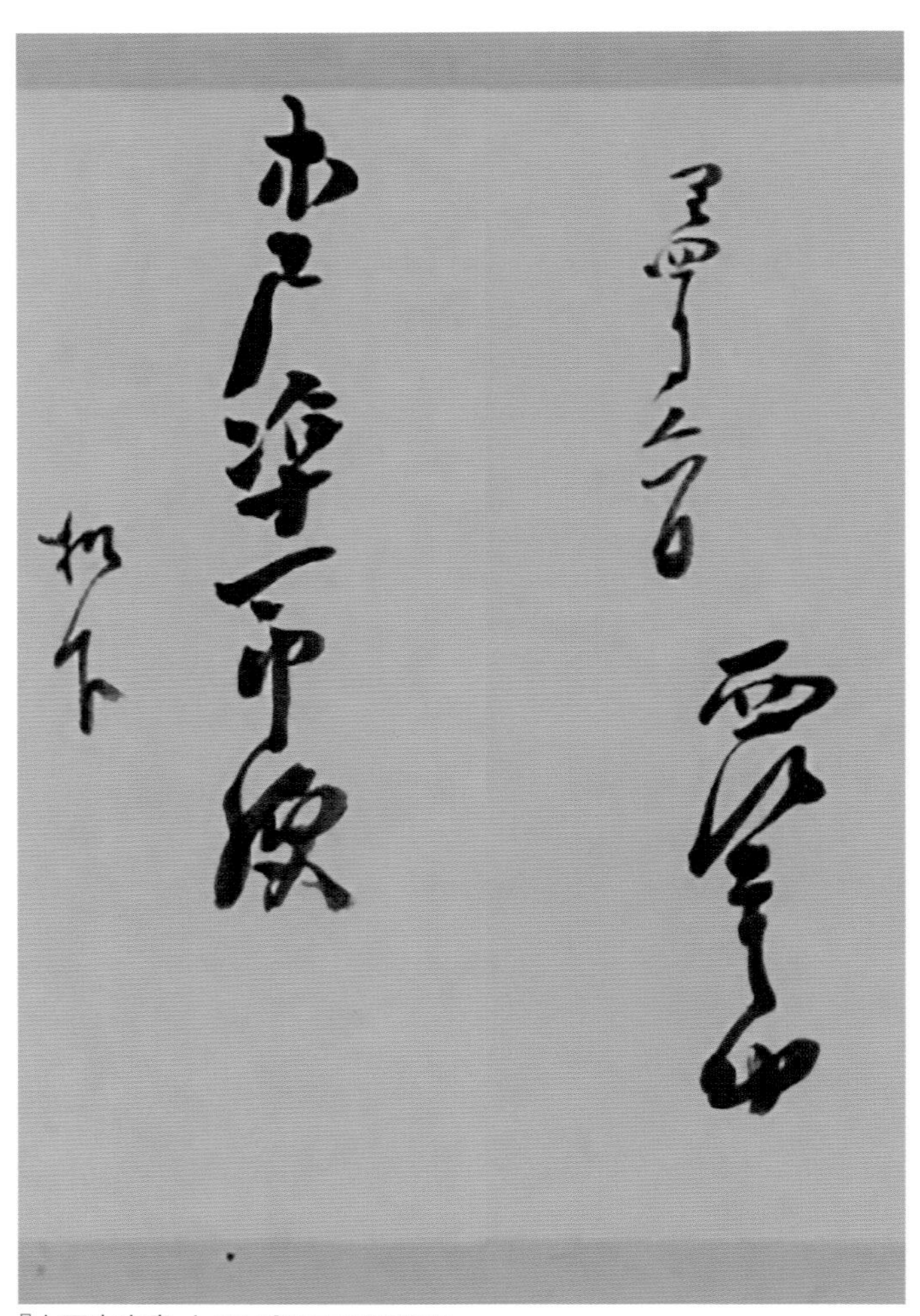

『木戸家文書 人 225』(宮内庁書陵部蔵)

読み

芳翰難有(ありがたく)拝誦仕候、
弥以御安康被成(なされ)御坐候由
珍重奉存(ぞんじたてまつり)候、
陳ハ(は)小弟ニ(に)毛(も)
先日着坂仕候處、御詰合
之段ハ(は)承知仕候得共、御
尋も不申上(まうしあげず)失敬之仕合、
御海恕可被成下(なしくださるべく)候、扨被
仰越(おほせられこし)候件々直様大久保江(え)毛(も)
申聞置候得共、何分御吟
味六ケ敷事候間、何卒一往

御上京被成下(なしくだされ)御尽力之處
偏奉願(ねがひたてまつり)候、此旨乍略儀(りやくぎな
がら)
御礼答迄荒々奉得
御意候(ぎよいをえたてまつりさうらふ)、何も面上ニ(に)
譲申候、
恐々謹言
閏四月六日　西郷吉之助
木戸準一郎様
机下

用語

芳翰：手紙のこと
珍重：結構なこと
小弟：自分をへりくだっていう言葉
海恕：広い心で許すこと
件々：あのこと、このこと

吟味：取り調べ
一往：一度
面上：対面すること
閏　：ある月のあと、続いて繰り返す月
机下：手紙で相手を敬って名前に添える語

江戸開城直後の書状

西郷隆盛が木戸孝允に送った書状です。明治元年（一八六八）閏四月六日のものです。

東征大総督府参謀であった（つまり官軍側）西郷は、三月十三・十四日に勝海舟と会談し、将軍・徳川慶喜の隠居と謹慎などを条件に、江戸城総攻撃を中止することを確約しました。四月十一日に江戸城は平和裏に開城されましたから、その直後の書状です。日本が大きく変わろうとしている真っ最中の時期です。

書状は、

「お手紙ありがたく拝見しました。ますますお元気でお暮らしのこと、大変結構なことと存じます。先日私も大坂に到着致しましたが、貴方様が大坂にご滞在していると存じながら、お訪ねもせず、失礼をお許しください。さて、おっしゃるあれこれの件は早速大久保（利通）にも知らせましたが、なかなか取り調べなども困難なことで、一度上京され、お力をお貸しくださるように、お願い申し上げます。簡単ながらお返事まで。大方のところお考えをうけたまわりたいと存じますが、詳細はお目にかかった際に申し上げます」

といった内容です。「御吟味」というのは、徳川氏の処分などについて、西郷としても長州藩の中心人物である木戸に京都で意見を聞きたいということだったのでしょうか。

さて、文字の大小にもそれほど大きな変化はなく、文字のくずしも一般的なものが多く、きまり文句も多いので、「古文書」としては比較的読みやすい筆跡だとは思いますが、こうした書状をいきなり読むことはできません。たかだか百五十年前の手紙とはいえ、現在の私たちが送っている「文字生活」とはまったく違っているからです。筆と墨で書かれていることは言うまでもありません。同じ文字を書いてもそのたびに異なった文字の形をとることは当然のことです。ここで書かれているのは、文字の形としてはおもに漢字の行書・草書体ですが、漢語（中国語）を交えながらも日本語として書かれています。部分的に「不申上（もうしあげず）」「可被成下（なしくださるべく）」など、漢文のように返って読む部分もありますが、正式の漢文体というわけでもなく、日本独特の「候文」です。

こうした「古文書」に挑戦する前に、近代以前の文字の書きぶり〈昔の文字〉に慣れるところから始めましょう。

もくじ

資料編――古文書に親しむための小字典……167

コラム

古文書に親しむための小字典 漢字編（168ページ）索引

あ

か

さ

た

な

は

ま

や

ら

わ

凡例・資料一覧

一 【読み】に関しては、先行の文献を参照しながら、原文の文字の姿を翻刻し、（ ）内に読みを記した。頻出する文字でも現行の平仮名の形と異なる文字はその都度記した。漢字の異体字は、原文と大きく字形が異なるもの以外は常用漢字の字形に倣って翻刻した。改行位置は原則として資料の通りとした。適宜、振り仮名、字釈と句読点を補い、また返読する箇所は（ ）内に平仮名で読みを記した。また、詩歌などの語句の異同や助詞などを［ ］で補った箇所もある。仮名遣いは和歌の【現代表記】含め原則として歴史的仮名遣いとした。

二 使用した主な資料の書誌は、以下の通り。書誌の表記は所蔵元の記載に準じた。記載のないものは個人蔵によった。

西郷隆盛書状（木戸家文書） 宮内庁書陵部蔵
『新撰七ついろは』鶴田真容編 品川屋 明治十二年 国立国会図書館デジタルコレクション
『文字絵指南』佐藤茂佐画 天野重助（版元） 明治二十年 国立国会図書館デジタルコレクション
『いろはしりとり都々逸』堤吉兵衛編 堤吉兵衛（版元） 明治二十一年 国立国会図書館デジタルコレクション
『丹鶴百人一首宝庫』甘泉堂 天保九年
『源氏物語絵尽大意抄』渓斎英泉画 甘泉堂 天保八年再板 早稲田大学図書館蔵
謡本『鉄輪』宝生重英著 わんや書店 昭和七年
謡本『観世流改訂謡本』同刊行会 大正八年
『あきのの帖 良寛禅師萬葉摘録』池田和臣・萬羽啓吾編著 青簡舎 平成二十四年
『柴舟かな帖』尾上柴舟著 啓成社 大正六年 国立国会図書館デジタルコレクション
『新板増字消息往来』青木臨泉堂筆 嵩山房 天保七年
『英語往来：童蒙暗誦』橋爪貫一編 雁金屋清吉（版元） 明治五年 国立国会図書館デジタルコレクション
『女今川宝花文庫』刊年など不明
『譃字尽』式亭三馬著 青雲堂 明治十六年 国立国会図書館デジタルコレクション
『一盃奇言』上 式亭三馬著 江島伊兵衛（版元） 明治十六年 国立国会図書館デジタルコレクション
『日用文字』小野鵞堂編書 吉川弘文館 明治三十八年
『小學作文書』三宅米吉著 原亮三郎（版元） 明治十九年
『てにをは教科書』物集高見著 十一堂 明治十九年
清兵衛より初五郎江相掛候一件済口証文并離縁状ほか（武蔵国多摩郡連光寺村富沢家文書、武州多摩郡連光寺村富沢分家文書より）国文学研究資料館蔵
『書道全集』平凡社 昭和四十年～四十三年

参考文献

『書の美、文字の巧』宮内庁三の丸尚蔵館、宮内庁書陵部編集 平成二十八年
『江戸コレクション 千社札』西山松之助監修・関岡扇令編 講談社 昭和五十八年
『百年前の日本語』今野真二 岩波新書 平成二十四年
『小野篁譃字尽』太平主人編 太平書屋 平成五年
『式亭三馬集』棚橋正博校訂 国書刊行会 平成四年
『日本庶民文化史料集成』藝能史研究會編 第九巻「遊び」松田修ほか編 三一書房 昭和四十九年

第一章 身近にある〈昔の文字〉

身近にある〈昔の文字〉

1 うなぎ屋さんの看板など

仮名はいろいろな書き方をしていた

まずは身近にあるくずし字から読み始めてみましょう。街なかの老舗（しにせ）の屋号などを記した暖簾（のれん）や看板にくずし字が使われていることがあります。

［図1］は「蒲焼（かばやき）」とあるので、うなぎ屋さんですね。でも、「う【ふ】ぎ」って何だろう？と思っている人も多いかもしれません。これは「奈（な）」をくずした文字（草書体）です。［図2］［図3］も「うなぎ」。少しずつ字形が異なっていますね。これは筆文字に由来しているからです。

よく見かけるのは、［図4］のくずし字。そば屋さんですね。これは「楚者（そば）」のくずし字（草書体）で、漢字の姿をしているようですが、日本語の「仮名」として書かれています。

図2

「うふぎ」って何？

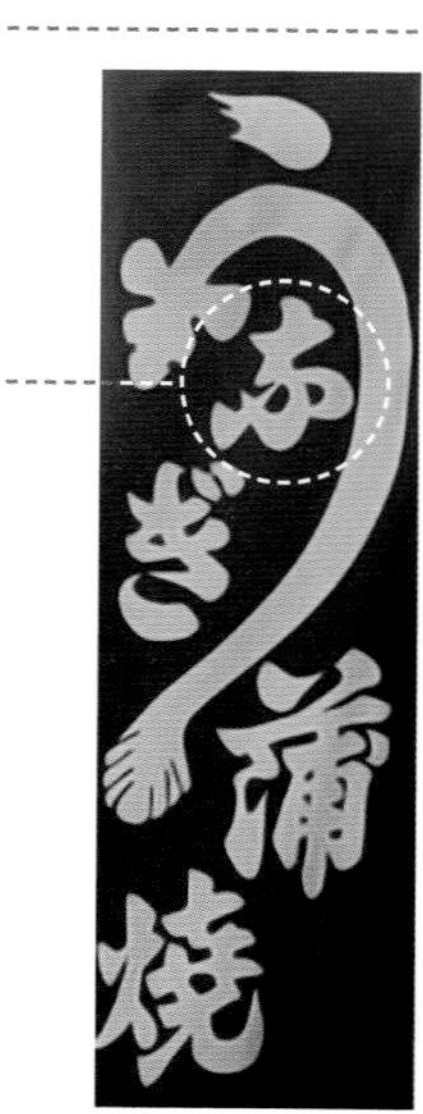

図3

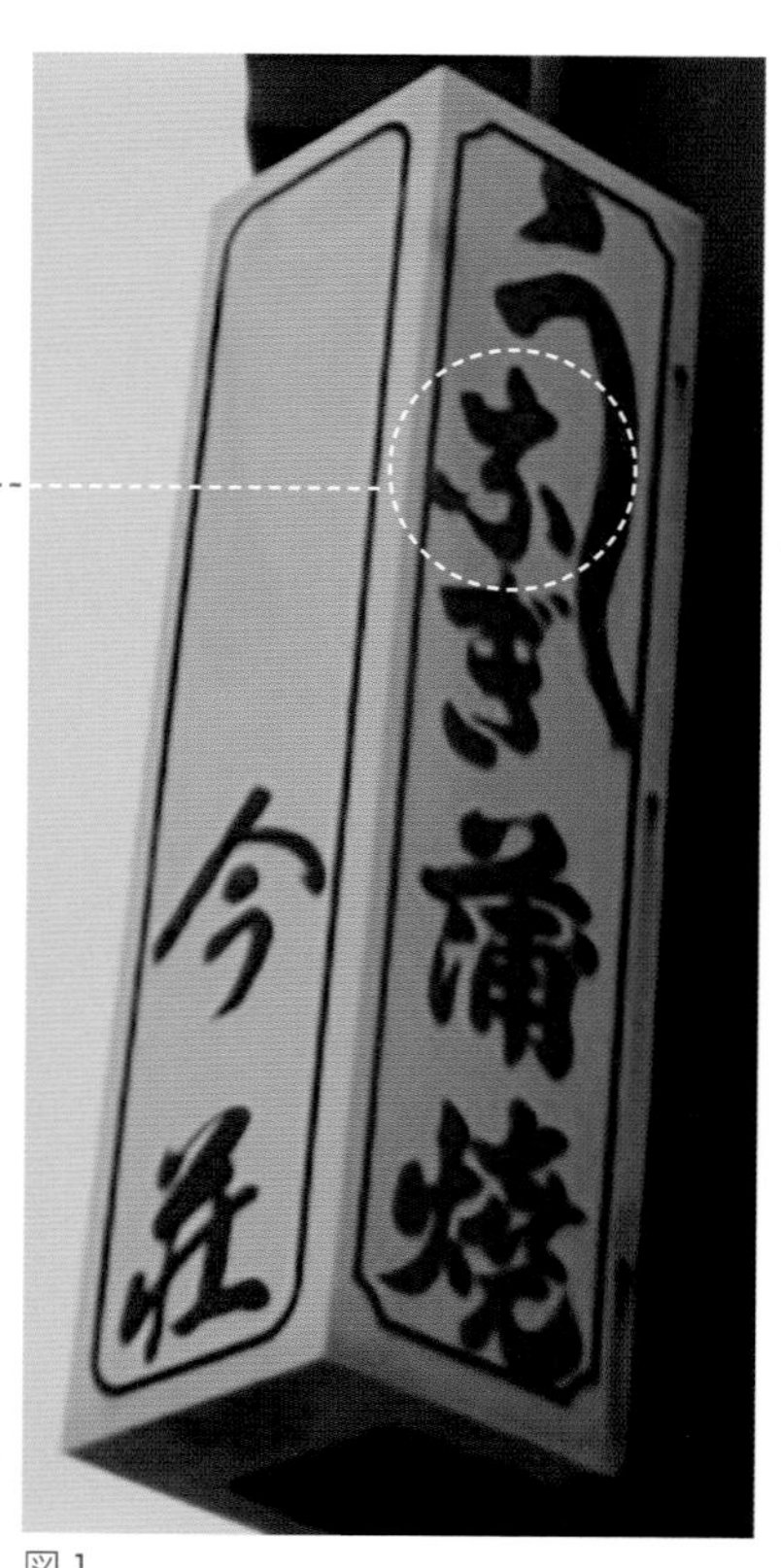

図1

ただし濁点が普及したのは江戸時代以降です。昔の字体を集めた字書を見ると「楚　そ」「者　は」といってもいろいろな書き方（くずし方）をしているのがわかります。

［図5］では「そば」と平仮名で書かれています。ところが、その下の「まるが」というお店の名前は、くずし字で、「満留賀」と書かれています。平仮名の「ま」は、漢字の「末」の字形を起源（字母）としていますが、江戸時代以前には「万」「満」などいろいろな書き方が存在しました。同じく「る」も「留」「流」、「が」は「賀」「我」などとも書かれました。

こんなふうに江戸時代以前から、明治時代いっぱいごろまで、「仮名」にはいろいろな書き方がありました。明治三十三年に平仮名の字形が統一されたため、それ以外のこうした書き方の仮名は「変体仮名」と呼ばれるようになったのですが、昭和になってからも使われていました。商売や商品によっては、看板や屋号などにこうした書き方が現代にも残っているのです。

図4

留　満　者　楚　奈

街なかで見かけるけど……

図5

身近にある〈昔の文字〉

2 看板

老舗の看板を読む

もう少し看板を見てみましょう。明治から続く老舗の看板などには変体仮名やくずし字が多く残されています。

［図1］はおそば屋さんの看板ですが、一字目は平仮名の「や」、二字目は「婦（ふ）」の草書体が変体仮名として使われていて、濁点を打っています。現行の平仮名「ふ」の字母は「不（ふ）」です。「やぶそば」ですが、前ページで出てきた「楚者」は使われておらず、平仮名で書かれています。「そ」の字母は「曽」ですが、「そ」の最後の画（かく）が軽く左にはねていて、続け字の名残が窺（うかが）えます。

［図2］は、東京・神田のあんこう鍋屋さん。「こ」に「古（こ）」のくずし字が使われています。下の店名には「以（い）」となっていま

図2

図1

「あ」の書き方が異なっている

図3

す。「いせ源」です。ところが、「あ」を見ると、［図2］には平仮名「あ」が、同じ店の別の看板［図3］には「阿（あ）」が書かれています。現行の平仮名の「あ」の字母は「安（あん）」ですが、看板などにはさまざまな字母のくずし字が使われてきたのです。

［図4］は居酒屋さん。一字目は「多（た）」の草書体で変体仮名に濁点が打ってあります。つまり「だるま」ですね。この「多」はよく使われました。同じくずし字が明治から続く鳥すき屋さんの看板［図5］にありました。一字目は「保（ほ）」のくずし字です。濁点が打たれています。「ぼたん」です。

［図6］にはこれもよく使われた「志（し）」があります。「古（こ）」がここにも出てきます。これも現行の平仮名はそれぞれ「之」「己」を字母としています。甘味屋さんの看板「しるこ」です。

下の骨書き（文字の骨格）で筆遣いを確かめてみてください。

図4
図5
図6

身近にある〈昔の文字〉3 包装紙

変体仮名のいろいろ

包装紙などにもくずし字、あるいは変体仮名が使われていることがあります。

［図1］は、書道用色紙の綴(つづり)の表紙です。右に「御 帝(て) 那(な) ら 以(い) 儀」と書かれています。「帝」とよく似たくずし字に「亭」があります。「御手習い」です。「儀」に特別の意味はありません。その左は「こ末(ま)ち」(小町)です。「末」では二本の横画が一筆にくずされ、左右の払いも「の」を書くように一筆になっています。

［図2］の文字は箸袋(はしぶくろ)によく見ますね。一番上と二番目「御」、「手」は漢字の草書体で、三番目は現在の平仮名に近いのでおわかりでしょう。「毛」をくずした「も」です。連綿(れんめん)(続け書き)しながら続く、最後の文字が、いわゆる変

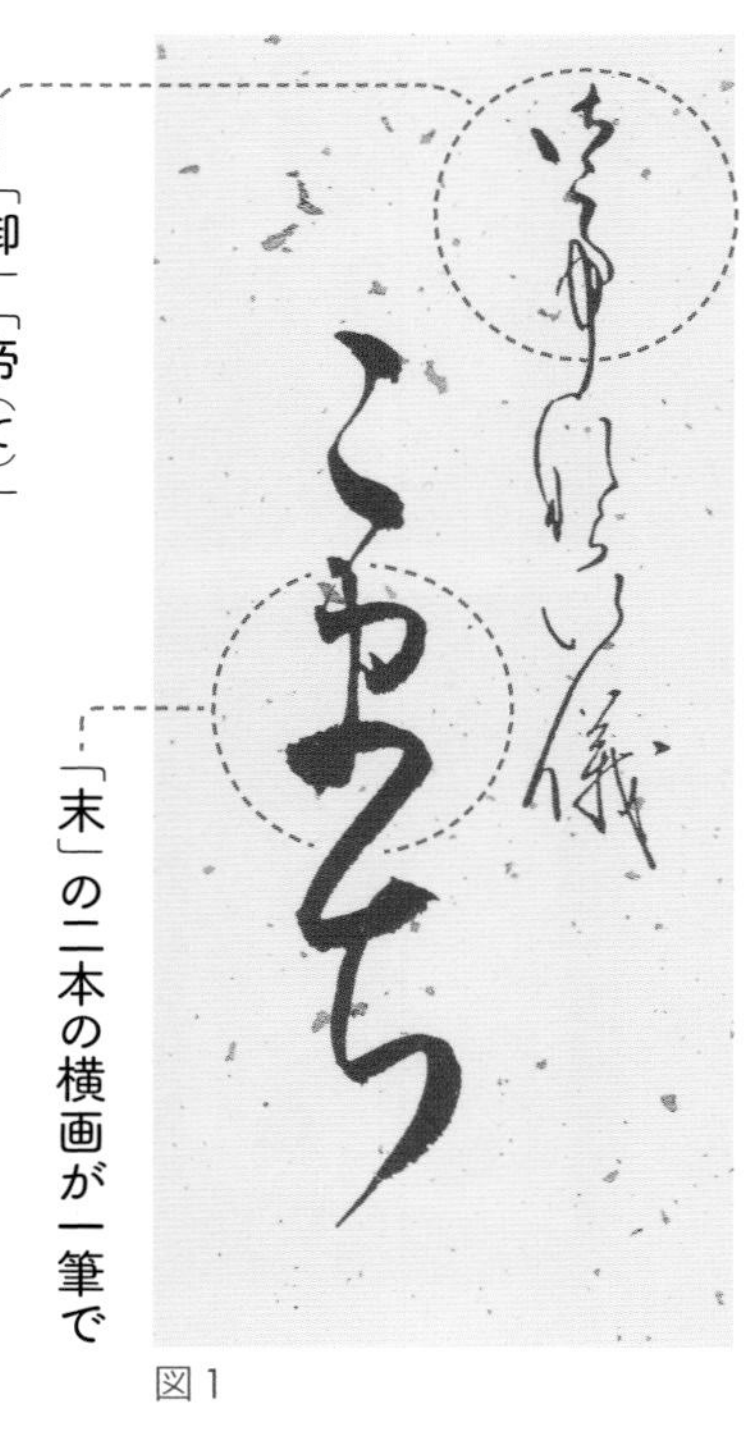

図1

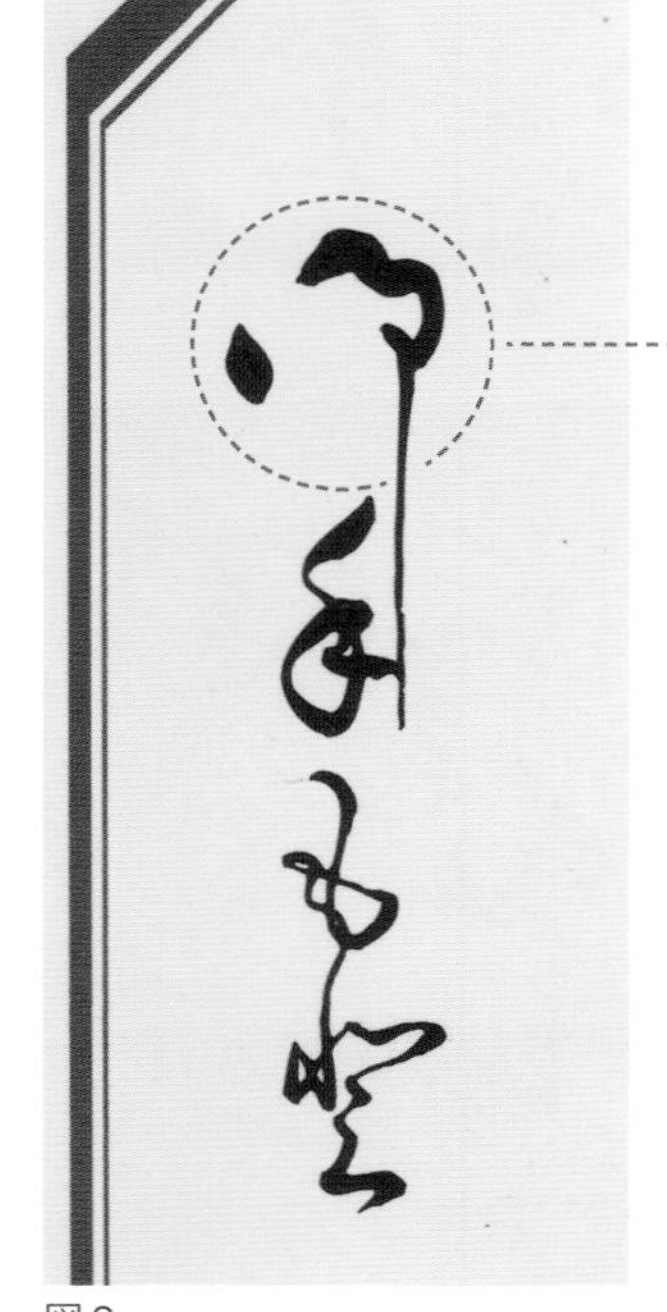

図2

体仮名です。これは「登」という漢字の草書体で、「と」の仮名として書かれています。つまりこれは「おてもと」です。「も」は異なった字母の「茂」や「裳」の草書体（変体仮名）が書かれることもあります。

〔図3〕は少し難しいでしょうか。一番上は漢字「御」の草書体、二字目は「多（た）」、これは看板で出てきました。「た」の変体仮名です。三字目も「越（を）」の草書体で変体仮名です。現在の平仮名「を」の字母は「遠」ですが、この字形も頻出します。四字目は平仮名で「る」ですね。つまり「御（おん）たをる」と読みます。進物としてのタオルののし紙からとっています。

〔図4〕は静岡県の和菓子屋さんの包装紙。中央の「乃」は現在の「の」の字母です。左の「[illegible]」は、18ページと同じく「こ」の変体仮名です。この包装紙には古地図があしらわれていて、近くには「志（し）つはた山（賤機山）」の文字も見られます。

御　末　越　遠

図3

図4

身近にある〈昔の文字〉

4 包装紙

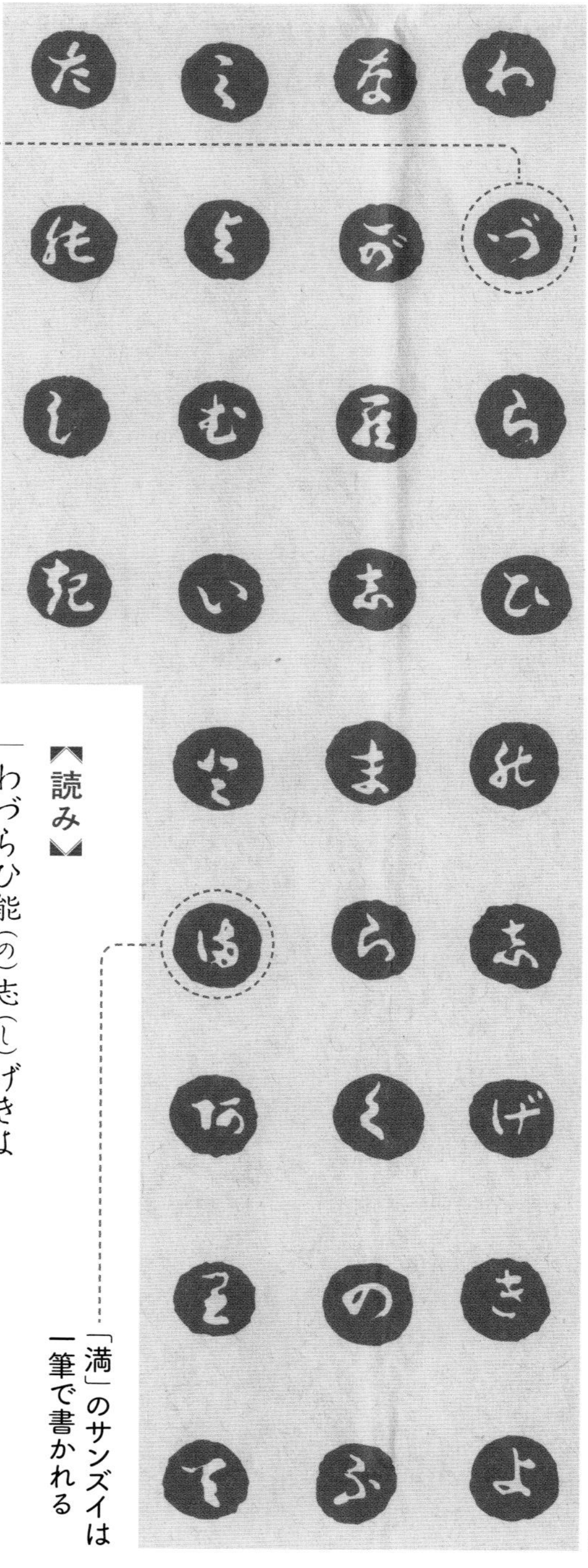

「満」のサンズイは一筆で書かれる

「つ」の最初の点は「川」の草書体が元になっているため

図1

〈読み〉

わづらひ能（の）志（し）げきよ
な可（が）羅（ら）志（し）まら久（く）のふ
三（み）与（よ）むい登（と）満（ま）阿（あ）里（り）天（て）
た能（の）し起（き）

〈現代表記〉

煩（わずら）ひの繁（しげ）き世ながら暫（しまら）くの書（ふみ）読む暇（いとま）ありて楽しき

楷書的な変体仮名

〔図1〕は静岡県の書店（谷島屋書店）で使われるカバーデザインの一部です。楷書的な書きぶりで、それほどくずされてはいませんが、変体仮名が多く使われています。読書を主題にした短歌が書かれています。一首目を読んでみましょう（歌も書も俳人・相生垣瓜人）。「しまらく」は「しばらく」のことです。

〔図2〕はわかりやすいですね。「久（く）ずゆ」（葛湯）です。現行の平仮名「く」は「久」を字母とするのですが、「具」「九」「求」などを字母としたくずし字が使われることもあります。「く」から始まるくずし字の連綿の例を『くずし字解読辞典』（東京堂出版）から挙げておきましょう。連綿は二文字だけでなく、数字続けて書かれることもあります。単純な字形ですが、前後の文字との関係などによって大きさや字形がそれぞれに変化することを頭に入れておいてください〔図3〕。

くずしのバリエーションに注目

求　九　具

くるしき　くすり　くさ　くわしく　くはしく　くらき

図3｜「く」から始まる文例

図2

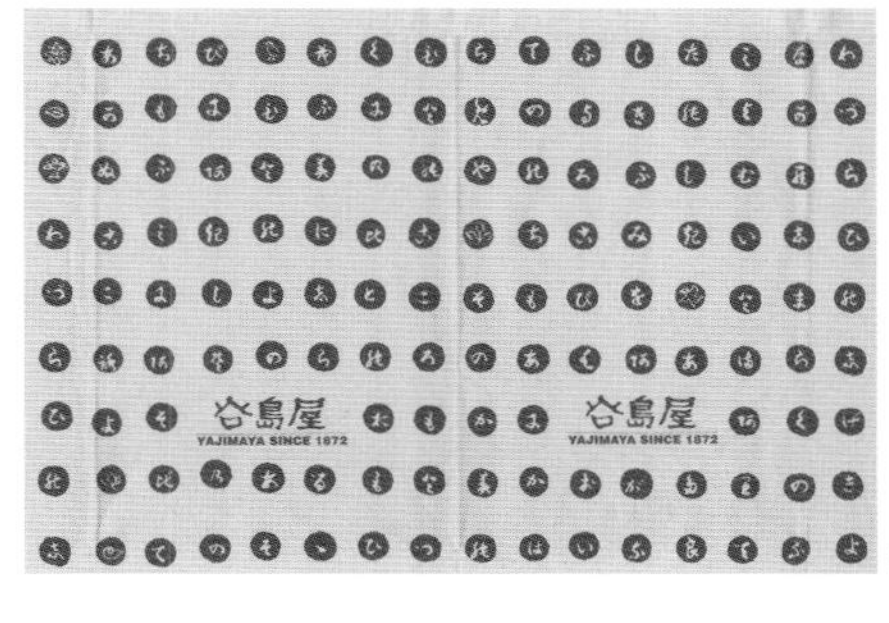

全体図

身近にある〈昔の文字〉

5 江戸文字

江戸っ子の心意気を示す

くずし字や変体仮名も多く使われた「江戸文字」と呼ばれる書体があります。

江戸時代中期以降、商業の発展などを背景に、それまで文字を読める人が限られていたのが、社会の広い層に文字が読まれるようになり、とくに職人の世界や芸人・花柳(かりゅう)界などで屋号などの文字を独特の書体で表現することが流行しました。これは平安時代に始まる「和様書(わようしょ)」が変化し、定型化した「御家流(おいえりゅう)」という書体をデフォルメしたものです。今でも歌舞伎の世界で使われる「勘亭流(かんていりゅう)」もこうした「江戸文字」の一つです。

たとえば［図1］は、現代の寿司屋さんの看板にあったものですが、「魚可(がし)」と書かれています。魚市場を意味する「魚河岸」です。

図2

図3

図1

筆のカスレのような表現が好まれた

このように漢字や仮名が大きくデフォルメされて、デザイン化され、法被(はっぴ)・半纏(はんてん)などに染め抜かれました。

「図2」は「江戸志(じ)満(ま)ん」、「図3」は「志(し)ん橋」、「図4」は「京者(ば)し」です。こうした刷毛(はけ)で書かれたような筆のカスレを強調した表現は「ひげ文字」と呼ばれて、活気のよさを好んだ江戸っ子の気風に合ったものとして、大変に流行しました。

「図5」は「丸志(し)希(げ)」。「丸しげ」という屋号です。

こうしたデザイン化された文字が多用されたのが「千社札(せんじゃふだ)」です。千社札は寺社への納札(のうさつ)に始まるとされますが、現在でも愛好者が多いですね。「図6」は「つ者(ば)多(た)」、「図7」は「奈(な)可(が)野」。「野」は漢字として書かれています。津幡(つばた)(石川県)や長野にあった納札の講中(こうじゅう)によるものと思われます。これらは、変体仮名・くずし字がいわばロゴ化したものと言っていいでしょう。

図4

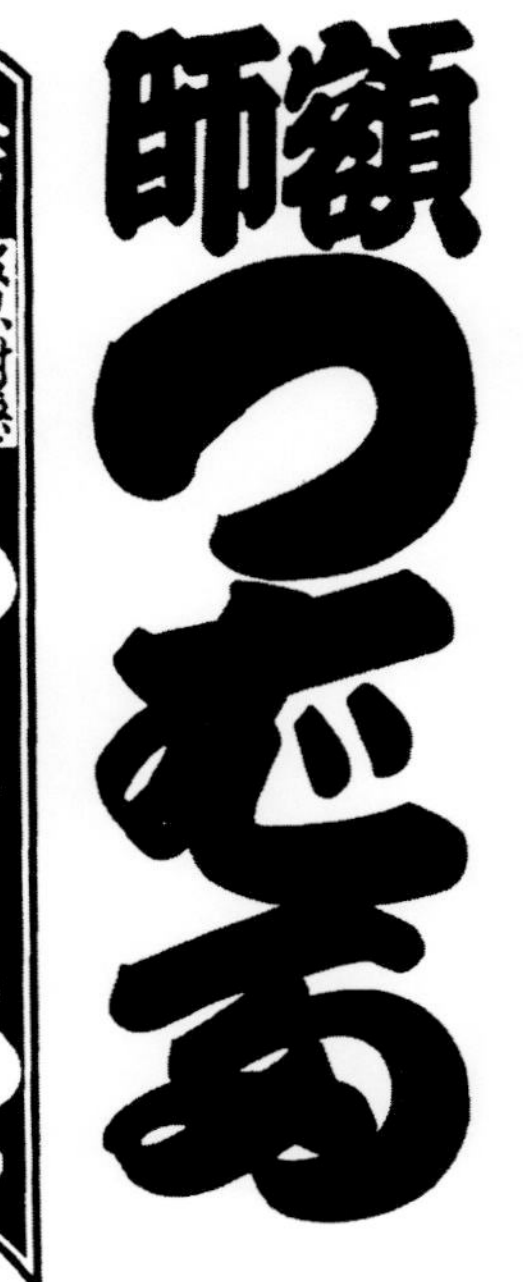

図7　図6　図5

極端にデフォルメされた表現

コラム

〈昔の文字〉

文字の二つのあり方

「古文書」は、歴史学の中では単に「古い時代に書かれたもの」ではなくて、特定の対象に意思を伝えるために書かれたものを指します。それ以外のたとえば日記や帳簿等は「古記録」と呼ばれます。ただ、近年この言葉はかなり広い意味で使われているので、本書でも歴史学的な定義にはこだわらないこととします。先に記したように、本書では、印刷物も含めた広い意味での「古文書」を読むために、前提となる近世（江戸時代）以前の文字のあり方について紹介します。

「古文書」の文字を考えたとき、大きく分けて二つの文字のあり方が関係しています。それが「くずし字」と「変体仮名」です。本書ではこの二つの文字を〈昔の文字〉と総称することとします。

まず、「くずし字」ですが、これは漢字の「楷書体」が行書・草書にラフに書きくずされたり、続け書きされたものだと考えられているでしょう。これが誤っているわけではありませんが、この考

能(よく)春(す)ること越(を)志(し)らざる（『近世名家書画談二編』個人蔵）

御供致兼候間(おともいたしかねさうらふあひだ)（『小學作文書』個人蔵）

右(みぎ)者(は)昨夜何時頃（『小學作文書』個人蔵）

えは、現在の私たちにとって「楷書体」が「正式な文字」であるという規範意識が強いことから来ています。ところが近世以前は、文字のスタイルについての考え方は、現在の私たちとは異なっていたのです。漢字のスタイル、つまり「書体」の歴史は162ページを参照してください。

近世いっぱいまで、日常的に書く書体は行書・草書のほうが多かったのです。むしろ楷書は（中国的な教養を背景にした）やや気取った書体（唐様(からよう)）であった面もありました。行書や草書で書かれていた、教科書や公文書が明治時代に楷書で書かれるようになって、また印刷書体が「楷書」を基本にしたものとなったことで、社会が「楷書化」したのです。言い換えると、近世以前には、楷書が「本当の姿」で、それを「書きくずして」行書・草書を書いていたわけではなく、行書・草書のほうが、社会の大多数にとっては「普通」の文字のあり方であったと考えられます。現在になって私たちはそれを楷書の形で「読み替え」ようとしていることになります。

「仮名」のさまざまな姿

もう一つの「変体仮名」ですが、これは、明治

い多(た)し候(さうらふ)已後(いご)（「離縁状」 国文学研究資料館蔵）

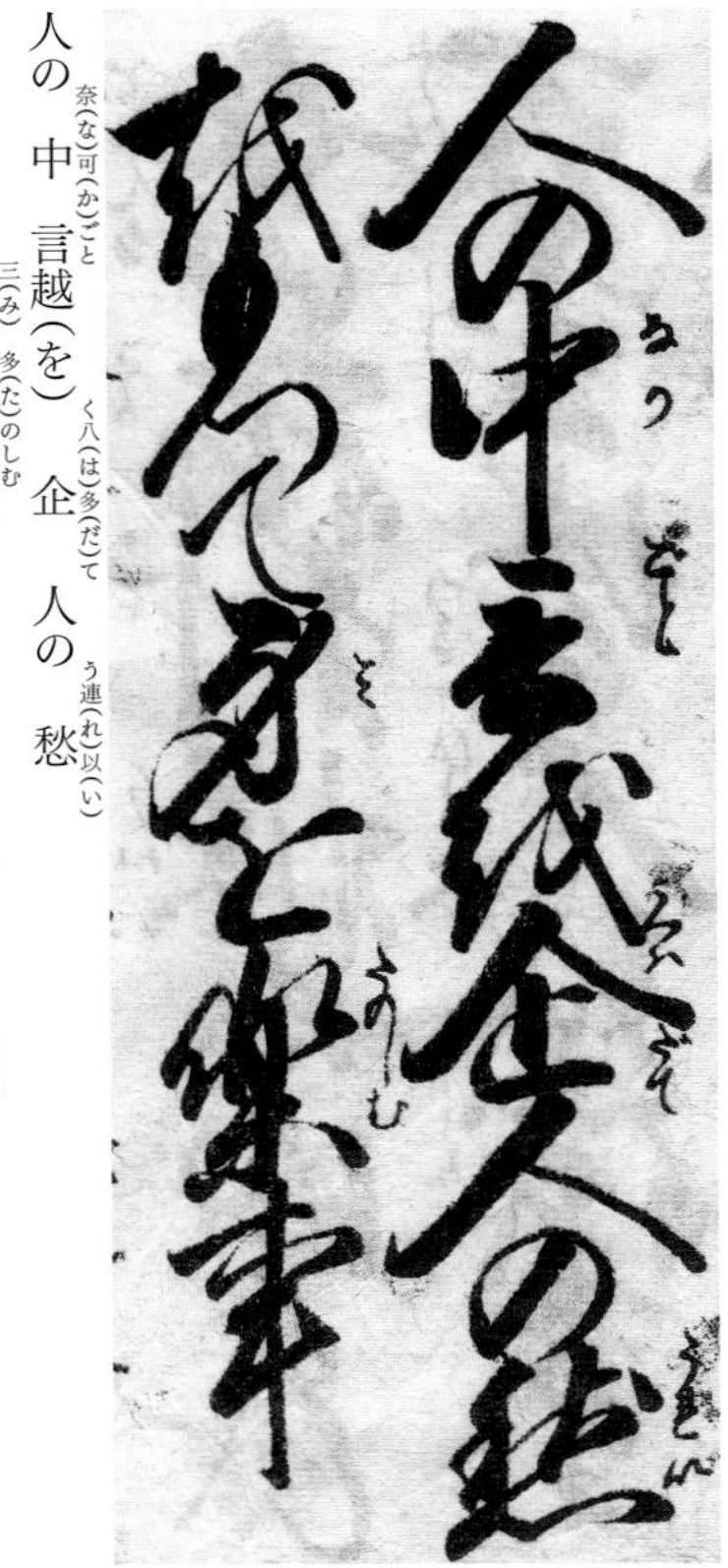

人の中(奈(な)可(か))言(ごと)越(を)企(く八(は)多(だ)て)人の愁(う連(れ)以(い))越(を)もつて身を(三(み))楽(多(た)のしむ)事（『女今川宝花文庫』 個人蔵）

文字久(く)佐(さ)里(り)（『女今川宝花文庫』 個人蔵）

三十三年に「小学校令施行規則」が定められたことに伴い、現在書かれている平仮名の字形以外の「仮名」のことを呼ぶ呼称です。この規則で平仮名は一つの音に対して一つの字形を使う、と定められました。この背景には、日本語の表記体系をなるべくシンプルなものにしよう、という意図があったと思われますが、それまでは「仮名」は、そのもとになった漢字（「仮名」のもとになった漢字を「字母」と呼びます）に応じて、さまざまな書き方をしていたのです。現在の平仮名は、四十六または四十八種あるわけですが、それ以前には約三百種類の「仮名」の書き方がありました。

「小学校令施行規則」はあくまで小学校教育における教授の目安でしたから、強制力があるものでもなく、一般の書簡や書籍などでは、変体仮名は広く使われており、一音一字形が定着するには時間がかかりました。漢字には振り仮名を振り、また漢字は楷書的に、仮名は草書的にといった書きわけをしているものもあるものの、ここに掲げた図版のように「古文書」では、この二つの文字――漢字の行書・草書とそれらと一見して同じ形をしている「仮名」が混在しています。

風可(か)ぜ楚(そ)よぐ　（『丹鶴百人一首宝庫』個人蔵）

合字

複数の漢字や仮名を一字にまとめて書いたもの。「コト」は「コ+ト」とも「事」の略字ともされます。

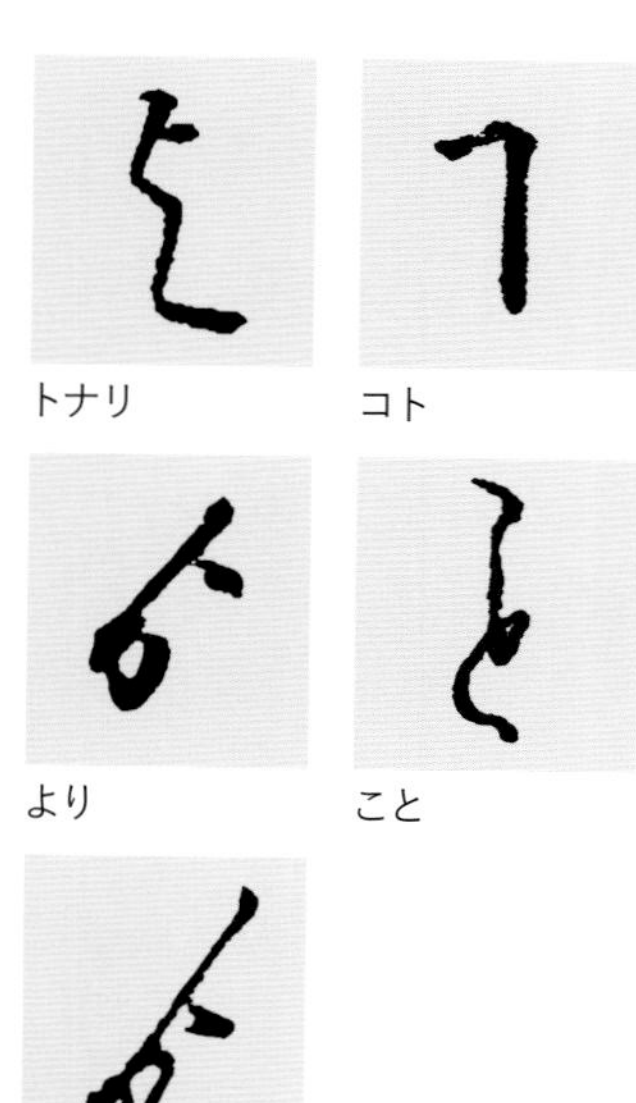

コト　トナリ　こと　より　より

第二章

昔の仮名を読む

『新撰七ついろは』を読む

1 仮名の初級教科書

『新撰七ついろは』
（国立国会図書館デジタルコレクション）

【読み】

い　イ以（篆書）　衣（ころも／キス）　移（うつる／カヘル）　怡（よろこぶ／タノシム）　易（やすし／タヒラカ）　夷（多（た）いら可（か）／エビス）

ろ　ロ呂　魯（をろ可（か）／ニブシ）　爐（異体字）（いろり／ヤスリ）　瘻（くゞせ／イタム）　櫓（やぐら／タテ）　驢（異体字）（うさ起（ぎ）む末（ま）／オロカ）

は　ハ波　ハ（者（は）ち／ワカツ）　巴（ともゑ／クニノナ）　派（三（み）つ末（ま）多（た）／エダナガレ）　葩（者（は）奈（な）びら／ハナブサ）　破（王（わ）れる／ヤブル、）

字母＝い（以）・ろ（呂）・は（波）

平仮名と同じ音の漢字を覚える

短い仮名の言葉に慣れるため、まず読むのは『七ついろは』。平仮名を中心にして最初の音節が同じ音の漢字の意味や訓（くん）を示したものです。手習いをしながら、言葉を覚えていく識字教科書です。平仮名の下にあるのが片仮名（かたかな）と漢字の篆書（てんしょ）（漢字書体については162ページ参照）、その下に平仮名と同じ音の漢字が続きます。複数の文字種（平仮名、片仮名、漢字数種など）を示していることで「七つ」と称しています。両側に語意や訓などが振ってあり、右側が平仮名と変体仮名、左側が片仮名です。篆書の漢字が親字の平仮名の字母に相当します。

ただし、語意ははっきりした基準で正確な意味が書かれているわけではなく、右ページの図で「驢（ろば）」に「オロカ」と振るなど、近い意味や連想される言葉が当てられているようです。「爐」（図版には異体字が入っている）に「ヤスリ」と振っているのは誤りで、「ヤスリ」は別の漢字「鑢」です。また「巴」が「クニノナ」になっているのは、古代中国で重慶（じゅうけい）地方のことを巴（は）といったからです。この種の初級教科書は非常に多く発行されました。

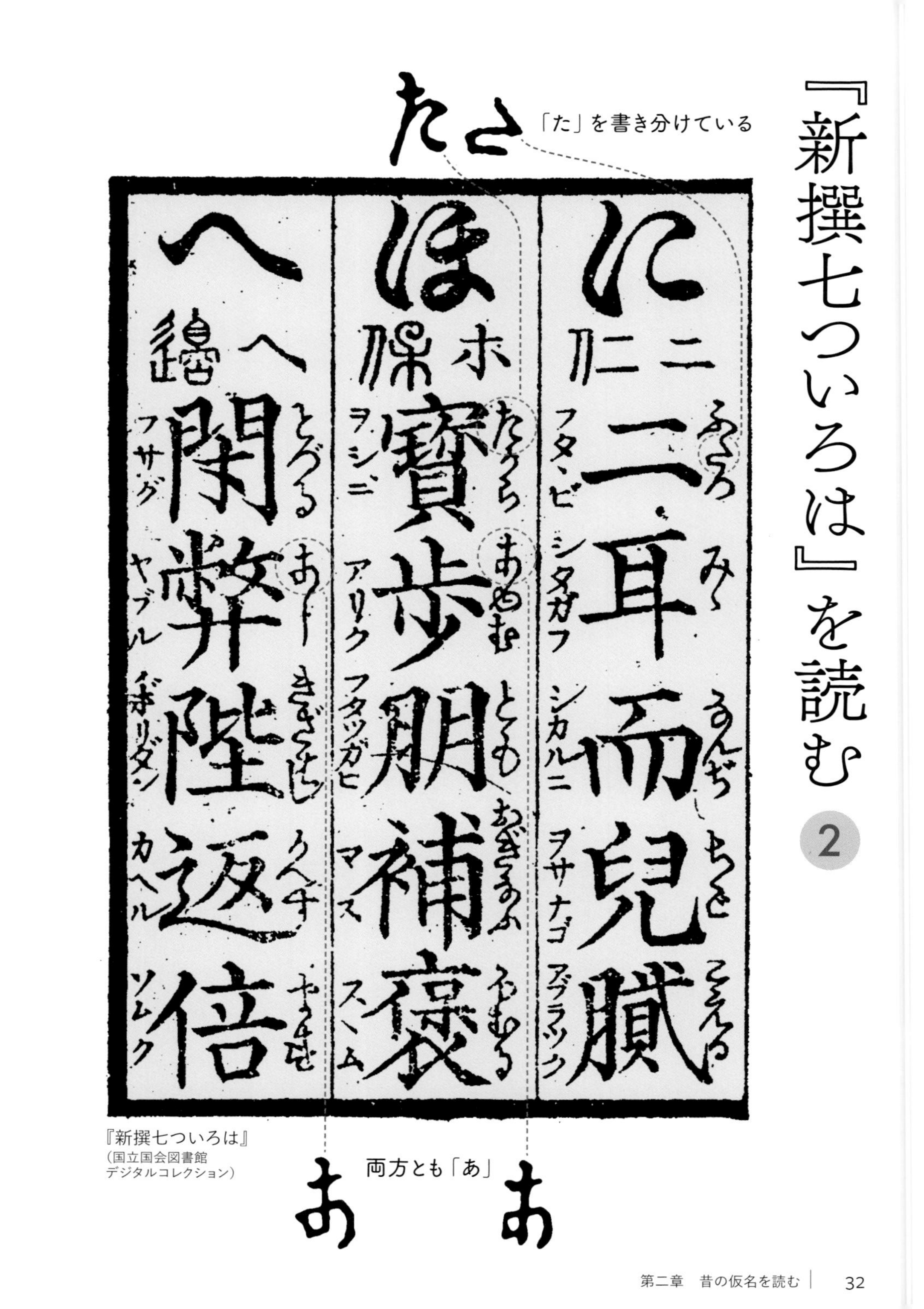

『新撰七ついろは』を読む ②

に 仁 ニ 二 耳 而 児 膩

ほ 保 ホ 寶 歩 朋 補 褒

へ 遍 ヘ 閉 弊 陛 返 倍

『新撰七ついろは』
（国立国会図書館
デジタルコレクション）

【読み】

に　ニ仁　ニふ多(た)つ フタヽビ　耳みゝ シタガフ　而奈(な)んぢ シカルニ　児ちご ヲサナゴ　膩(異体字)こえる アブラツク

ほ　ホ保　寳(異体字)た可(か)ら ヲシニ　歩安(あ)由(ゆ)む アリク　朋と毛(も) フタツガヒ　補おぎ奈(な)ふ マス　褒本(ほ)むる スヽム

へ　へ邊　閉とづる フサグ　弊安(あ)し ヤブル　陛きざ者(は)し ノボリダン　返可(か)へす カヘル　倍末(ま)春(す) ソムク

字母＝に(仁)・ほ(保)・へ(部)

文脈と連想で判読

「耳」に「シタガフ」とあるのは、耳で聞いたことを素直に受け入れるという用例があるからです。「耳順（じじゅん）」という言葉があります。「弊」の「安(あ)し」は「悪し」。「安(あ)」がわかりにくいですが、右斜めから入る画がはっきりとなくても、「あ」と読みます。基本的に漢字の語釈ですから、連想を働かせて、仮名の読みを推測していきます。ところで篆書の本格的な手本は、江戸時代にはやっと中国から輸入され始めていたころで、ここでの書かれ方もどちらかというと、意匠的な扱いです。

多　可　安　春

『新撰七ついろは』を読む ③

同じ「し」でも「之」「志」で字母が異なる

と　止　ト
止　トヾマル
土　つち　カハル
登　のぼる　アガル
徒　いたづら　トモガラ
斗　サカヅキ

ち　知　チ
知　しる　トモ
稚　をさなき　ワカキ
致　イタス
池　いけ　ユルヤカ
耻　はぢ　ハヅル

り　利　リ
利　とし　キク
理　すぢ　ヲサムル
履　ふむ　クツ
狸　たぬき
吏　つかさ　ヲサムル

「恥」の異体字

『新撰七ついろは』
（国立国会図書館デジタルコレクション）

【読み】

と　ト止　止し（トヾマル）　土つち（カハル）　登の本（ぼ）る（アガル）　徒い多（た）づら（トモガラ）　斗本（ほ）し（サカヅキ）

ち　チ知　知志（し）る（トモ）　稚をさ奈（な）（ワカキ）　致む年（ね）（イタス）　池いけ（ユルヤカ）　耻（異体字）者（は）ぢ（ハヅル）

り　り利　利とし（キク）　理すぢ（ヲサムル）　履ふむ（クツ）　狸たぬき（タヽゲ）　吏つ可（か）さ（ヲサムル）

字母＝と（止）・ち（知）・り（利）

年　之　之

異なった字母と異体字に注意

「斗」（ますのこと）が「本（ほ）し」というのは、北斗七星のことです。「本（ほ）」は大きくくずされていますが、左右の曲線の広がりを払いだと気づくことができたら、見当がつきやすいでしょう。「致」に「む年（ね）」は、「むね」には「旨」つまり「意味」という意味があります。「池」に「ユルヤカ」というのは、水の流れが滞っていることをいうので、こう説いているのでしょうか。「耻」は「恥」の異体字（同じ文字で異なる字体をしているもの）です。「狸」の古名として「タタケ」「タタゲ」があります。

異体字

「くずし字」は現代の常用漢字からくずされたものだけではなく、さまざまな由来があり、異体字（または旧字）とされる文字からくずされた文字も多く存在します。代表的なものとしては以下などがあります（下段が常用漢字）。

凢―凡　哥―歌　畧―略　盡―尽
貟―員　异―異　帋―紙　當―当
叓―事　珎―珍　樣―様　處―処
幷―并　埜―野　塲―場　餘―余
㐂―喜　羣―群　爾―尔　彌―弥

『新撰七ついろは』を読む 4

ぬ　ヌ　奴 やつこ ド　怒 いかる スツダム　努 はげむ ツトム　孥 めのと サイシ　笯 とりこ トリカゴ

る　ル　留 とまる トヾマル　累 かさぬる ワヅラヒ　類 たぐひ ニセル　瑠 ひかり タマ　嶁 ひだき ロウ

を　ヲ　袁 あをごろも エン　呼 よぶ ナゲク　鳴 なげく アヽ　怨 うらむ アダ　塢 むら コセキ

『新撰七ついろは』
（国立国会図書館
デジタルコレクション）

異なる字母を書き分けている

【読み】

ぬ　ヌ奴　奴（やっこ／ド）　怒（い可(か)る／スツダム）　努（者(は)げむ／ツトム）　拏（めのと／サイシ）　笯（とりこ／トリカゴ）

る　ル留　留（里(り)ゅう／トヾマル）　累（可(か)さ奈(な)る／ワヅラヒ）　類（たぐひ／ニセル）　瑠（ひ可(か)りいし／タマ）　嘍（い多(た)ゞき／ロウ）

を　ヲ遠　袁（奈(な)可(が)ごろも／エン）　呼（よぶ／ナゲク）　嗚（奈(な)げ久(く)／アヽ）　怨（うらむ／アダ）　塢（むら／コセキ）

字母＝ぬ（奴）・る（留）・を（遠）

くずしの要素に注目

仮名の字形を見るとき、「ぬ」の最後の結びは「奴」の旁（つくり）の「又」のくずしで、「を」は最後の曲線がもとシンニュウだというふうに、要素ごとに理解すると覚えやすいでしょう。「多（た）」や「里（り）」は異なった字母を使って書きわけをしています。仮名の字母の選択やくずしが融通無碍なものであったことが実感されます。「塢」は「隖」（とりで、村の意味）の異体字。

己　里

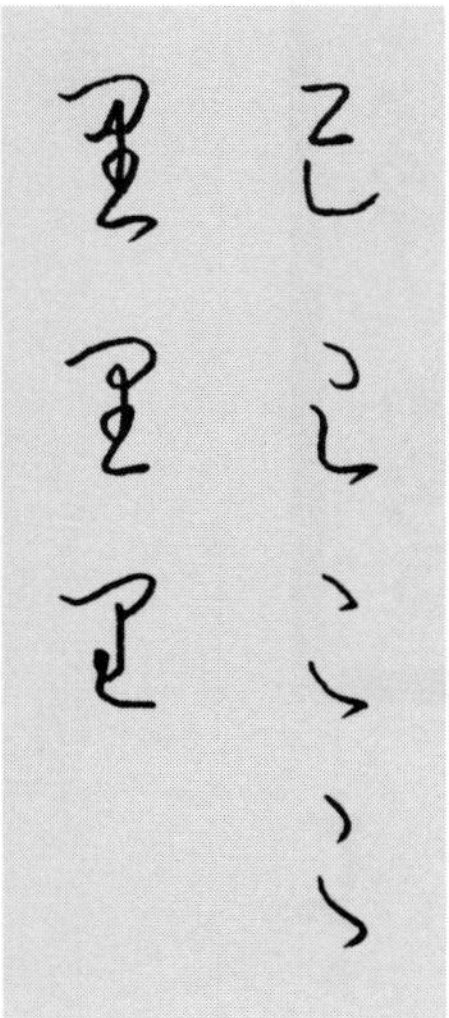

『新撰七ついろは』を読む 5

志

多

わ ワ 和 王 倭 話 輪

か カ 迦 假 歌 佳 架

よ ヨ 與 輿 餘 豫 余

『新撰七ついろは』
（国立国会図書館
デジタルコレクション）

者

奈

【読み】

わ　ワ和　和くわ（ヤワラグ）　王すべらき（ツカサ）　倭志（し）多（た）可（が）ふ（ツヽシム）　話者（は）奈（な）す（モノガタリ）　輪めぐる（トホル）

か　カ加　迦多（た）未（ま）さ可（か）（アシカゼ）　假かり（オホヒナリ）　歌う多（た）（ウタフ）　佳よし（ウツクシ）　架多（た）奈（な）（ワタリ）

よ　ヨ與　與と（クミス）　輿こし（ハジメ）　餘のこり（アマリ）　豫やすし（タノシム）　余王（わ）れ（アマリ）

字母＝わ（和）・か（加）・よ（与　與の新字）

王

同じくずしを覚えておこう

「わ」の「和」のルビ部分、「くわ」は「か」と読みます。「和」には「カ（クヮ）」の音があるからです。「王」を「わ」と読むのは、「おう」は歴史的仮名遣いでは「わう」となるからです。「王」の「すべらき」は「すめらぎ」と同じで天皇の意味です。「迦」に「アシカゼ」と振るのは、「アシカセ（枷）」の誤記でしょうか。「假（仮）」には「大きい」といった意味もあるので、このように記しています。「余」の語釈「われ」は一人称の意味です。

ここまで、「志（し）」「者（は）」「多（た）」「奈（な）」など、同じ変体仮名・くずし字の例が複数回出てきました。これを手がかりに前後の文字に範囲を広げて言葉を類推しながら次第に読み進めていけば、読むことのできる変体仮名・くずし字は確実に増えていきます。

『文字絵指南』を読む

1 仮名と絵の融合

『文字絵指南』
（国立国会図書館デジタルコレクション）

「まゐらせさうらふかしく」の合字

「ぬ」でねずみを描く

「長」の草書体で「長鶴」と読ませる

【読み】 右上から左へ

三字　さん者(ば)…三番(叟)
一字画　忠
三じ　ハ(は)ら三(み)…孕み
乃
一じ　山
二じ　でし…弟子
一じ　し…師

四じ　まゐらせさうらふかしく
二じ　由(ゆ)く…行く
五じ　女やと下り
ぬ　祢(ね)づ三(み)…鼠
てうづる…長鶴
一じ　の
一じ　め

仮名文字で絵を描く

仮名文字、漢字で絵が描かれています。もともと仮名文字は、字形が比較的単純で曲線が主体ですから、絵の線に組み込んでもそれほど違和感がありません。江戸時代にはこうした遊戯的な「文字絵」が流行しました。この本は明治二十年に出版されたもの。葛飾北斎の『略画早指南』後編（文化十一年刊）を再編集したもので、原本に比べるとかなり荒っぽい編集のようです。

序文には天狗からその画法を習ったなどと書かれていますが、必ずしも言葉の意味に当たる絵を描いているわけでもないようですし、よくわからないものもあります。判じ物のようなものも多いのですが、楽しく読むことができます。三段目右の「まゐらせさうらふかしく」は書簡で用いられた丁寧語の慣用句が合字化しています。「やど下り」は奉公人が休暇で実家に帰ること。「てう（ちょう）づる」は、「長」の草書体で鶴の絵を描いています。

『文字絵指南』を読む 2

字母の「満」の
サンズイが略されている

『文字絵指南』(国立国会図書館デジタルコレクション)

【読み】

一字画　き
三じ　せ多(た)い…世帯
四じ　こどつて…言伝
三じ　ひ尓(に)ん…非人
二じ　りと
二じ　川(つ)満(ま)…妻
二じ　さと

二じ　大門
二じ　つ三(み)…罪
四字　うつり心
一じ　行
二じ　の遠(を)…能
三じ　ぜうど…尉と
二じ　う者(ば)…姥

判じ物のような文字絵

「つま」の「満(ま)」は、サンズイを省略していて、わかりにくいですね。「さと」と「大門」の二点の絵は、女性が親元に送った手紙を両親が読んでいるところとも思われます。「つみ」はお坊さんがお酒を飲んでいることをからかっているのでしょうか。最後の二点は謡曲(ようきょく)「高砂(たかさご)」に登場する「尉(じょう)と姥(うば)」を描いていますが、「と」に濁点を振っているのがよくわかりません。

『文字絵指南』の扉　毛(も)んじゑし奈(な)ん

『文字絵指南』を読む 3

全体図
『文字絵指南』
（国立国会図書館デジタルコレクション）

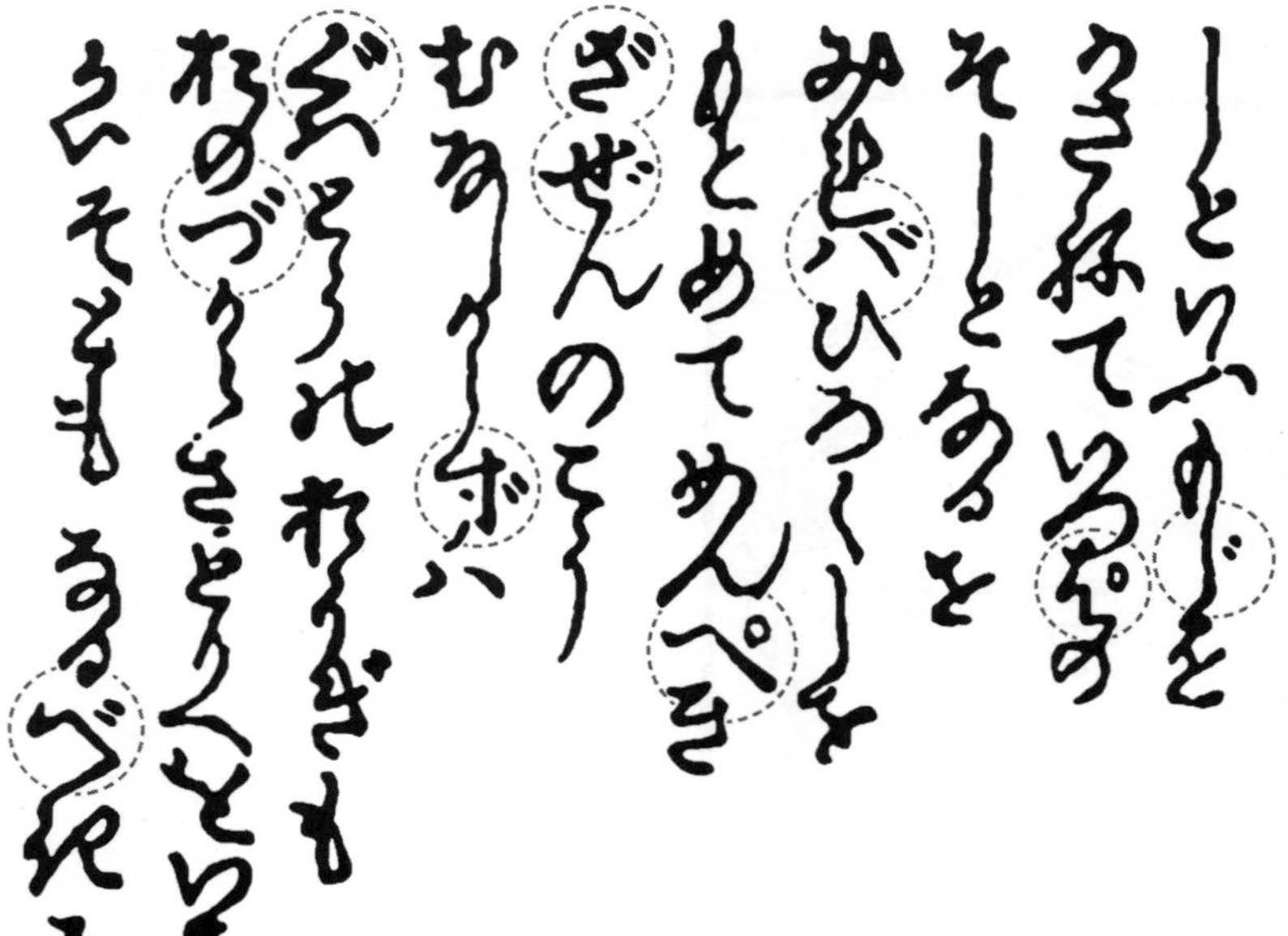

濁点や半濁点は江戸時代以降に一般化したが
すべてに打たれていたわけではない

【読み】

可(か)奈(な)のし能(の)じを
毛(も)川(つ)てゑ(画)の
くふうを春(す)るの
可(か)多(た)ち

しといふ毛(も)じを
可(か)さ祢(ね)ていつ者(ぱ)の
そしと奈(な)るを
み連(れ)ハ(ば)ひろくしを
毛(も)とめてめんぺき
ざぜんのこう
む奈(な)し可(か)ら寸(ず)ハ(は)
ぐハ(画)(は)とう(道)能(の)於(お)うぎ(奥義)も
於(お)のづ可(か)らさとりへをいち里(り)うの
可(か)いそとも　奈(な)るべ起(き)奈(な)り

【大意】

「し」の字を重ねてみると、禅宗の開祖・達磨(だるま)の絵を描くことができる。(「し」の字が)一派の祖師になるのを見ると、広く師を求めて面壁の座禅(達磨は悟りをえるために壁に向かって九年間瞑想したという)の苦労のおかげで開祖となったのだから、絵の奥義も悟ることができれば、一流の開祖となることができる。

『文字絵指南』を読む ４

図１

「可（か）」？

図２

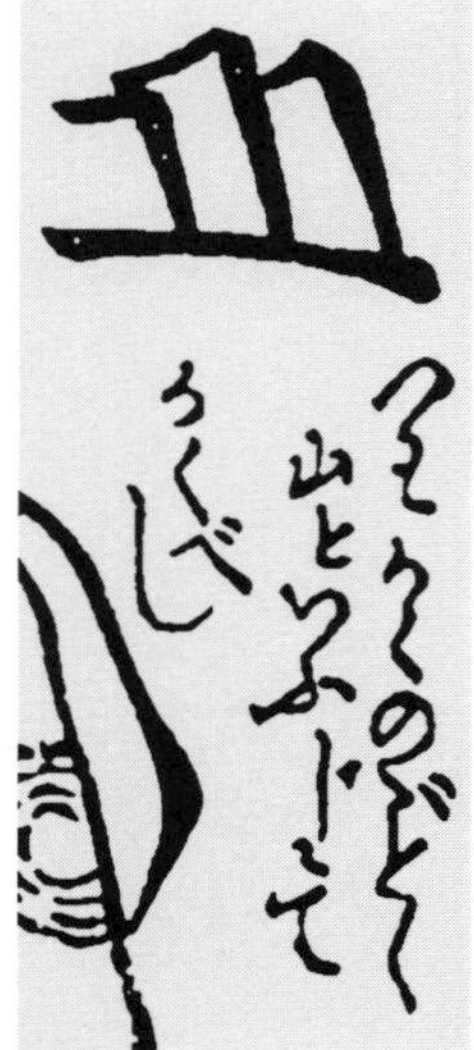
図３

全体図　『文字絵指南』（国立国会図書館デジタルコレクション）

【読み】

[図1]

の山と可(か)起(き)て志(し)んさん尓(に)
与(よ)をの〔世〕可(が)る丶能(の)
けんじん〔賢人〕を加(か)く二(に)
毛(も)んじ能(の)のび多(た)る
又由(ゆ)可(が)三(み)多(た)る
阿(あ)る八(は)さ可(か)し〔逆〕満(ま)二(に)
く三(み)あ王(わ)せて
そのす可(が)多(た)於(お)のく
と丶の不(ふ)奈(な)り

[図2]

づ起(き)ん　山二川(つ)

[図3]

い王(わ)可(か)くのごとく
山といふじ二(に)て
可(か)くべし

【大意】

「の山」と書いて、深山(しんざん)に世を逃れた賢人の姿を描く。文字の線がのびたところ、歪んでいるところは、逆さまにしたりして組み合わせれば、おのずと画が整ってくる。

頭巾は「山」二つ、岩も「山」二つで描くことができる。

❖「さかしま」の「か」は、筆の勢いでこうなってしまったのでしょうか。

『文字絵指南』を読む 5

「也」

「心」を書けば千鳥の姿が

全体図　『文字絵指南』(国立国会図書館デジタルコレクション)

【読み】

いつしんとかいてひと能(の)
可(か)多(た)ちを奈(な)す也。
すべてゑ(画)ハ(は)
於(お)の連(れ)可(か)こゝろ
ひと川(つ)より
くふうして
ゑ可(が)く
と起(き)ハ(は)
その可(か)多(た)ち能(の)
奈(な)らざるをこと奈(な)し。

「こと」の合字

能　於　連　川

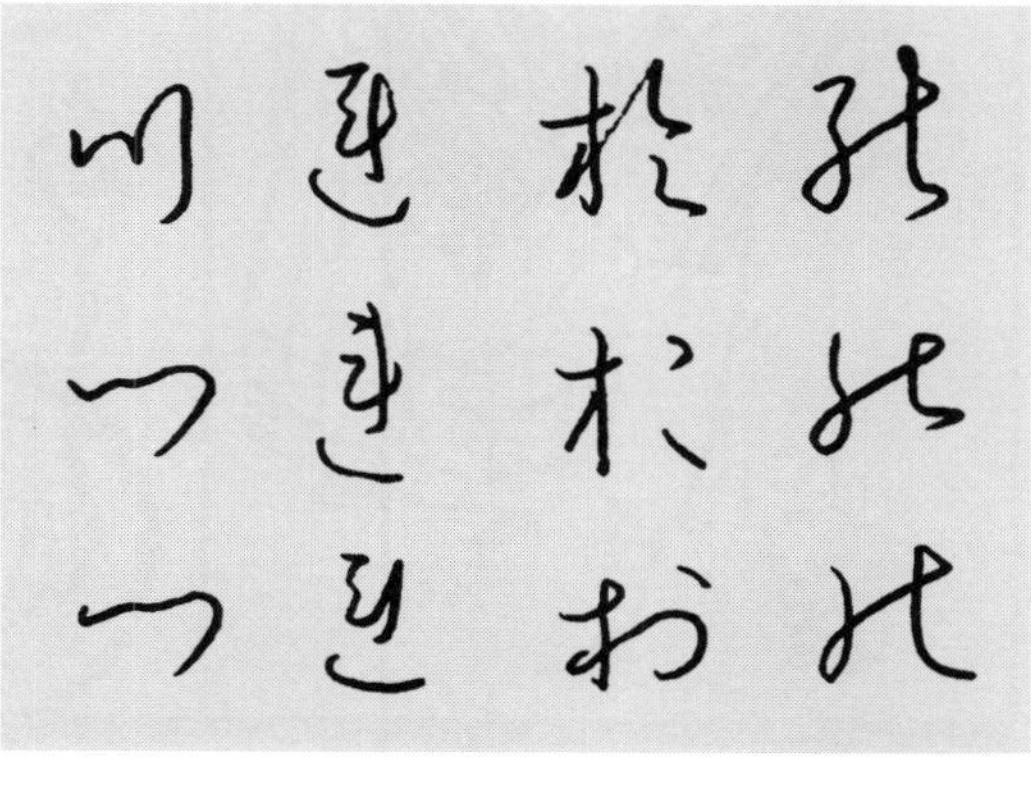

【大意】

「一心」と書けば人の姿を作ることができる。すべて画は自分の心で想像して工夫すれば、形をなさないことはない。

❖「一心」の文字で人の姿を描くことができるのは人間の想像力なのだから、工夫次第で人の姿にも千鳥の姿にもなるのだ、ということなのでしょう。

『いろはしりとり都々逸』を読む 1

【読み】下

古(こ)ゝろい起(き)いろは
志(し)りとり止(と)ゞ逸(いっぷ)ふし

いろと
い不(ふ)じを
学校(かく可(か)う)で於(お)本(ぼ)へ
今しや(じ)た可(か)い尓(に)
こ以(い)の
いろ

【読み】左上段

ろ不(ふ)じん(老人)
こと毛(も)ハ(は)
あふ奈(な)い

『いろはしりとり都々逸』(国立国会図書館デジタルコレクション)

みやこ
馬車(者(ば)しや)
人力(じんりき)
くるまのは(輪)

【読み】下段

は多(だ)しまい(裸足)
里(り)ハ(は)をろ可(か)(愚)
な
古(こ)とよ
どふぞ
於(お)まへと曽(そ)ふよふに

都々逸で仮名を覚える

江戸末期に生まれ、酒席などでおもに歌われた「都々逸(どどいつ)」は、七・七・七・五の音律で恋愛の機微などを題材にした俗曲です。いろはで始まる都々逸を集めたこうした本は幕末から明治にかけて多く出版されました。この本では文明開化の世相が読み込まれながら、それぞれの頭の文字がいろは順になっているだけではなく、最後の文字が次の歌の頭の文字になっており、しりとりにもなっているという工夫がされています。

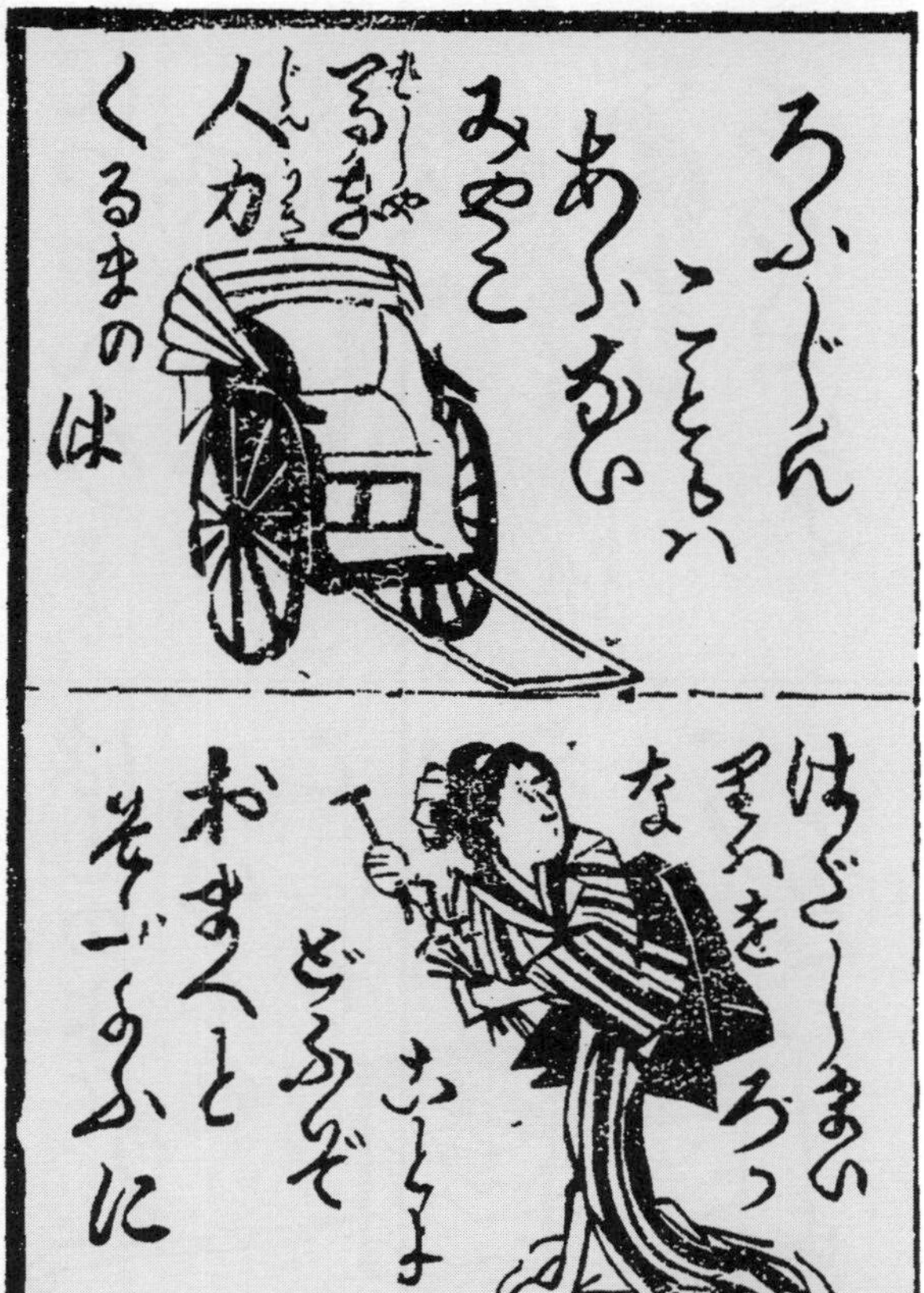

『いろはしりとり都々逸』(国立国会図書館デジタルコレクション)

『いろはしりとり都々逸』を読む ②

読み 上段

につ本(ほ)ん人で毛(も)
英語(衣(え)いご)を於(お)本(ぼ)へ
今(いま)じや
横文(よこも)
字(じ)
志(し)つ多(た)
可(か)保(ほ)

読み 下段

保(ほ)どのよいの尓(に)
つ以(い)本(ほ)礼(れ)
こんで
介(け)ふも
ふ多(た)
りで
一ツ
奈(な)べ

ゴンベンは
サンズイなどと同じ形になる

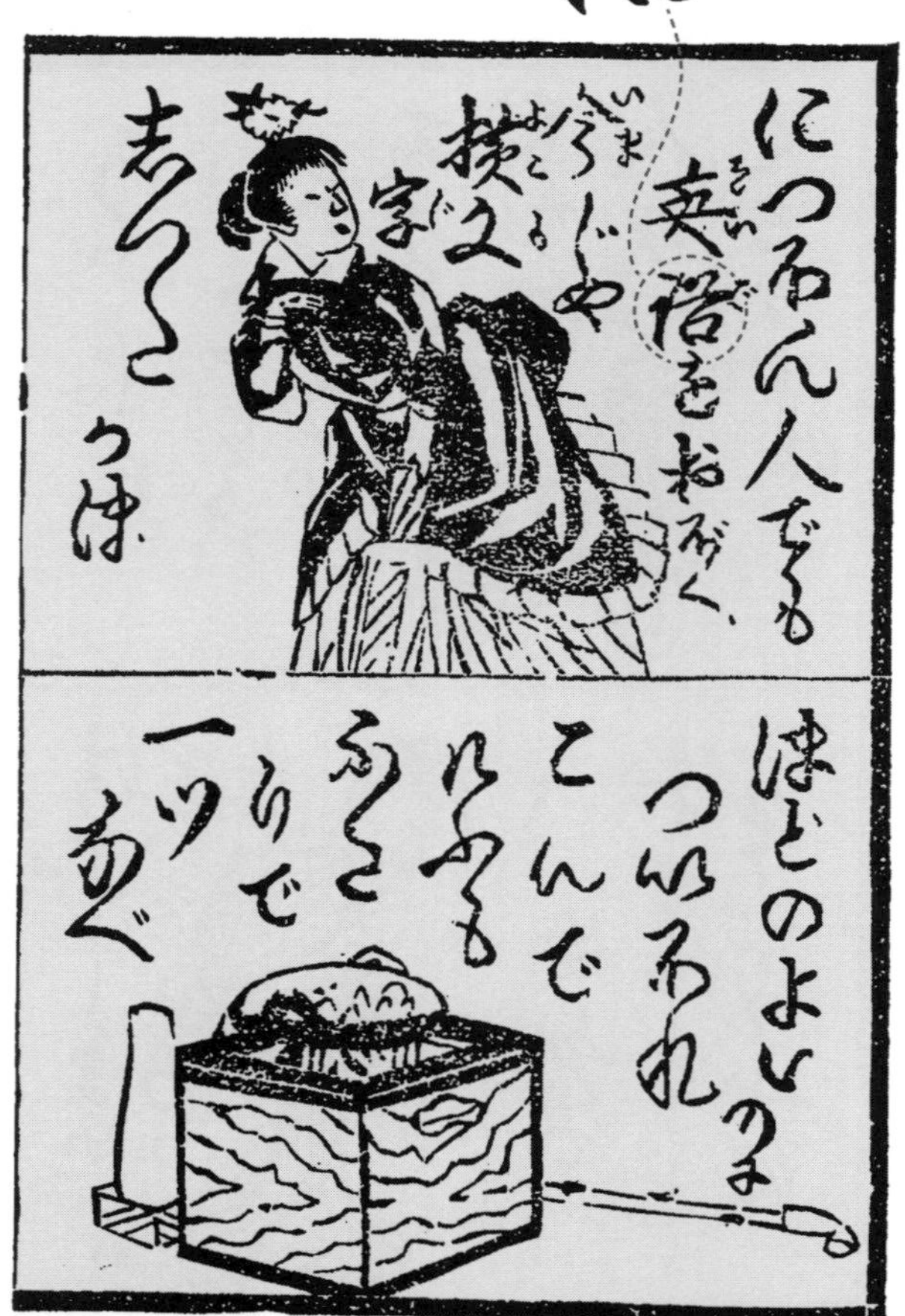

『いろはしりとり都々逸』(国立国会図書館デジタルコレクション)

読み

へい
たい左（さ）んこそ
御（を）国（く尓（に））の
人（ひと）よ
実（志（じ）っ）地（ち）
ゑんしう（演習）
玉（たま）のをと

「御」のくずし字は頻出

「国」の異体字

『いろはしりとり都々逸』（国立国会図書館デジタルコレクション）

文明開化の風俗を歌う

こうした読み物は、仮名しか読めなかった多くの読者に楽しまれたと考えられます。ところどころ漢字と変体仮名を交じえながら、ほとんどが現行の平仮名に近い字形になっているので、現在の私たちにも読みやすいと思います。

ゴンベン、サンズイ、ギョウニンベンなどはしばしば同じくずしとなります。「御」のくずし字は頻出するのでぜひ覚えておいてください。

『いろはしりとり都々逸』を読む ③

【読み】

とそ(屠蘇)のきげんで
者(は)いつて
み礼(れ)ハ(ば)
こ礼(れ)ハ(は)
失敬(しっけい)
よその
うち

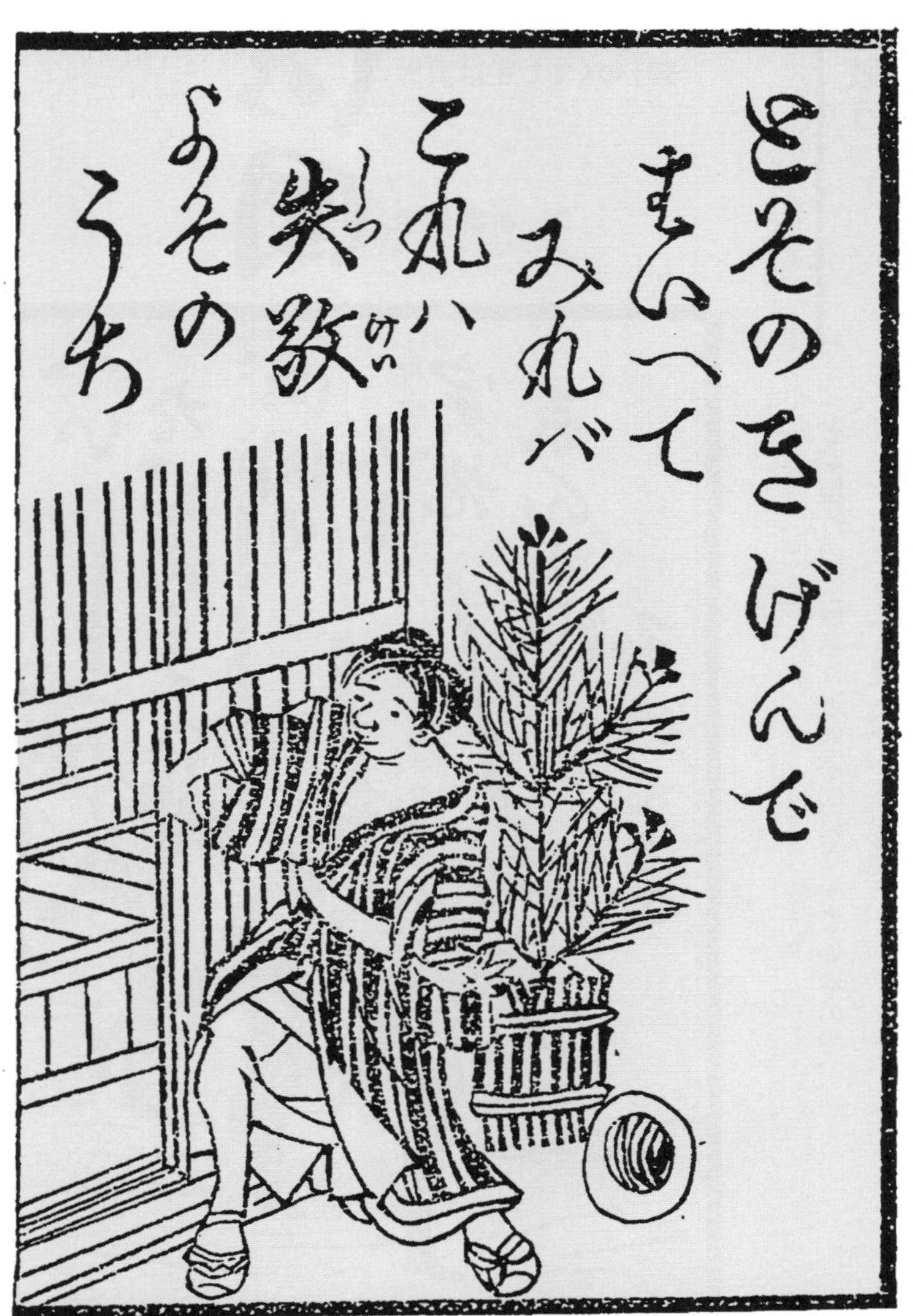

『いろはしりとり都々逸』(国立国会図書館デジタルコレクション)

【読み】
ちよと於（お）まちと
そで引（ひき）をさへ
奈（な）ぜ可（か）をまへ盤（は）
うるさがり

【読み】
りんき志（し）つと、
ゆう奈（な）ら遠（を）い、
以（い）わなきやわ多（た）しの
み可（が）た丶ぬ

「盤」のくずし

「遠」（を）

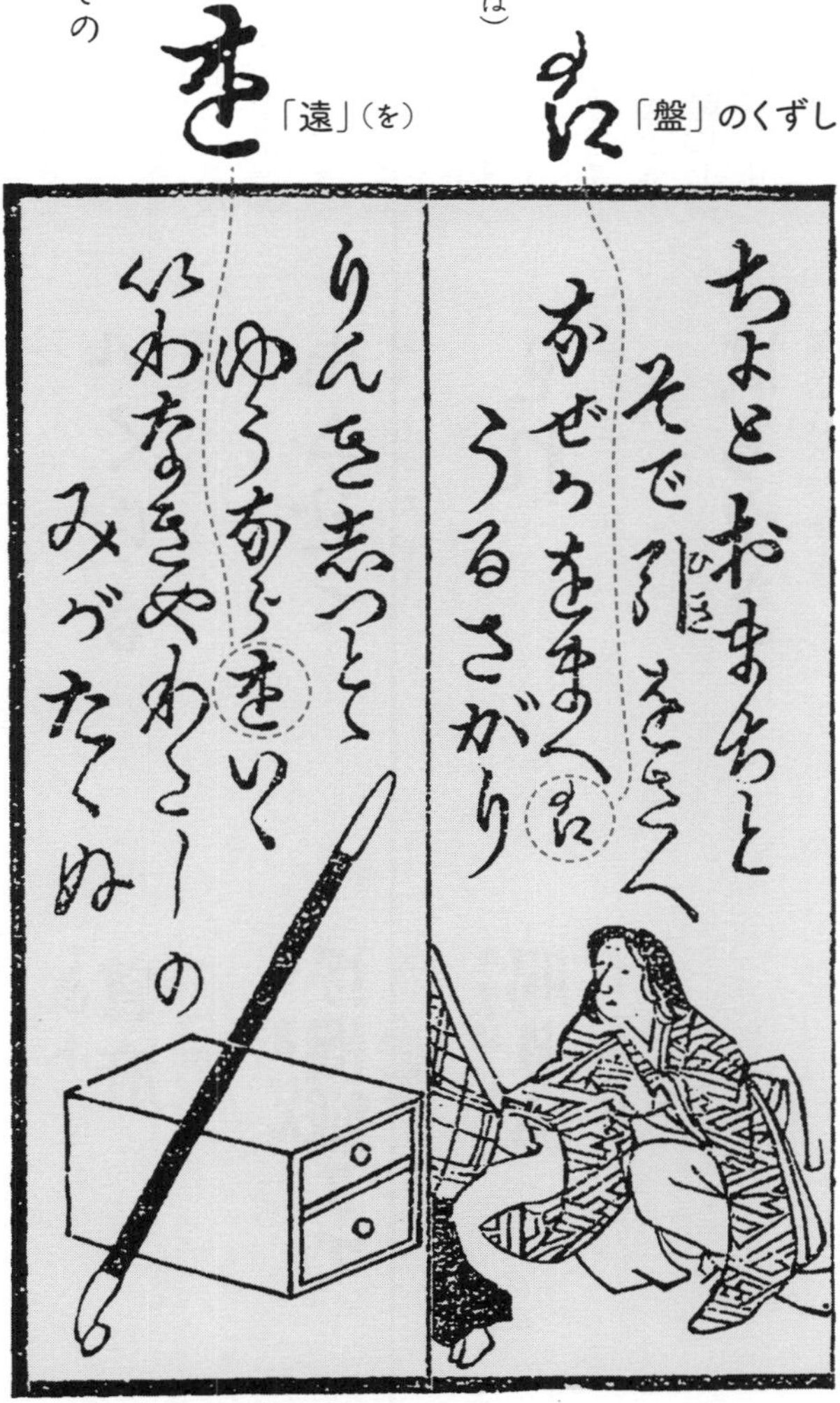

『いろはしりとり都々逸』（国立国会図書館デジタルコレクション）

漢字の要素を意識する

「りんき（悋気）」はやきもちのこと。「を」などはほとんど平仮名化していますが、筆遣いをよく見ると、「辶」など、「遠」の要素の筆遣いが残っているのがわかると思います。変体仮名に漢字の要素が残っていることを意識して文字を読むと、字書が引きやすくなるかもしれません。そのために鉛筆や指で筆の流れをなぞってみてください。

コラム

活字になった変体仮名

仮名のさまざまな書き方が一つの字形に統一された明治三十年代は、活版印刷が社会で一般化しつつありました。金属活字では、文字は楷書的に整理され、正方形の同じ大きさに成形されます。それまで社会全般で読み書きされていた行書・草書的な文字のあり方は、活版印刷の書物によっても大きく変わったのです。

一方で行書・草書的な文字や仮名のさまざまな「書き」方は、広く行われていました。活版印刷が普及し始めても、文字がペンや鉛筆で書かれることが多くなっても、社会の中ではまだまだくずし字や変体仮名が広く書かれていたのです。そこで、明治中期から昭和初期まで、くずし字や変体仮名が活字化されている例が多く見られます。図1から図7は、変体仮名が活字化されている姿です。図8では「申」がくずし字的に活字化されています。図9では振り仮名に変体仮名が使われています。さらに図10では漢字の「御」のくずし字が活字化され、図11では「候」のくずし字も活字化されています。

図1—火能(の)やう尓(に)

図2—志(し)るす

図3—以(い)くらも

図4—も多(た)せて

図5—王(わ)れ

図6—はち末(ま)き

図7—証(あかし)春(す)

図8—申せし尓(に)

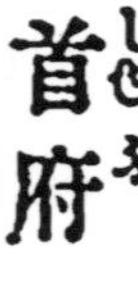

図9—首(しゆ)府(ふ)

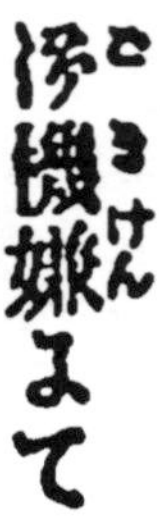

図10—御機嫌(ごきげん)尓(に)て

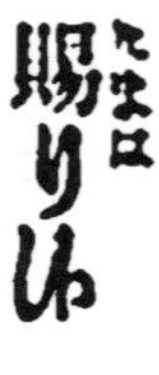

図11—賜(たまは)り候

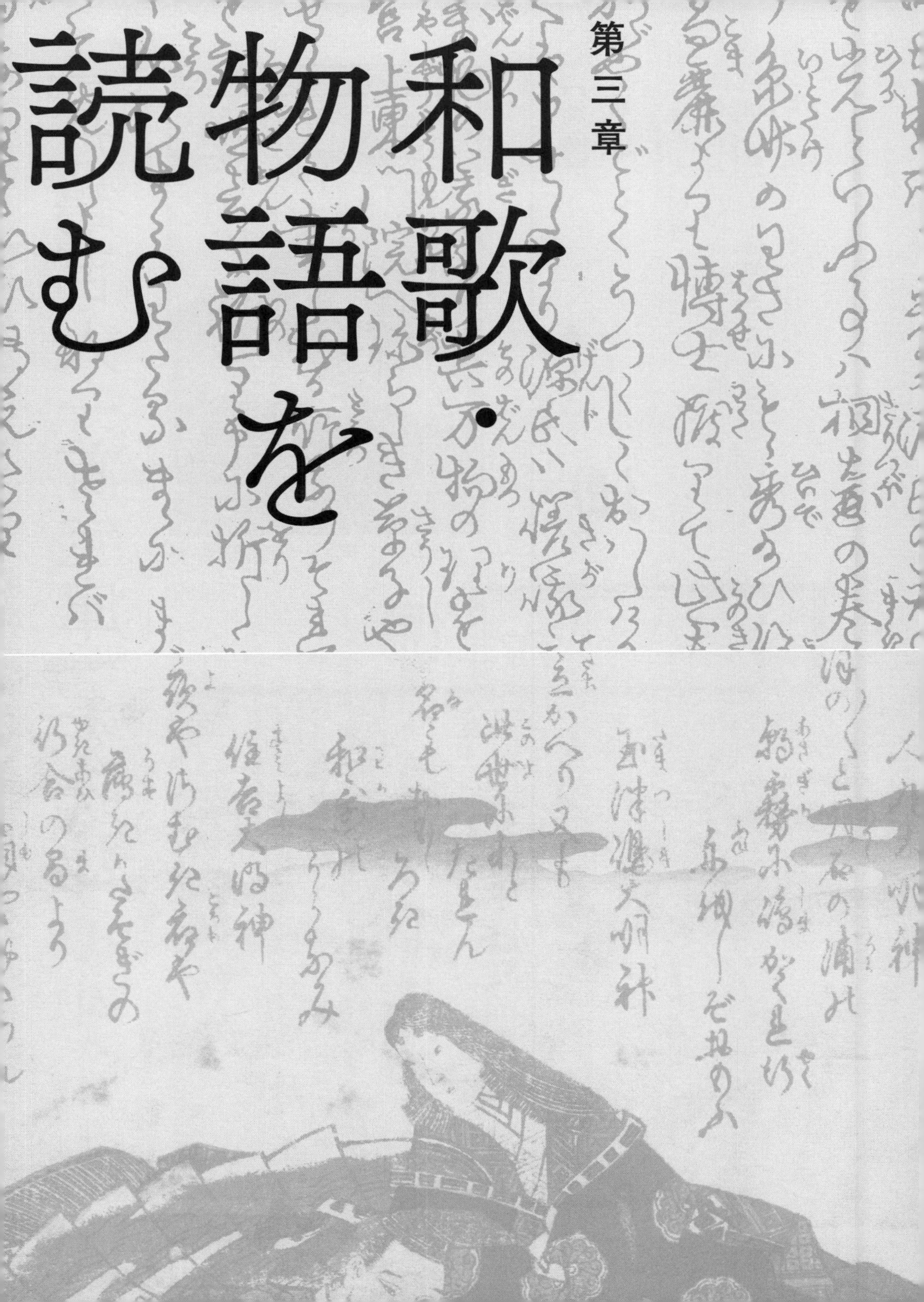

第三章

和歌・物語を読む

『丹鶴百人一首宝庫』を読む 1

和歌三神

繰り返し記号「大返し」

全体図　『丹鶴百人一首宝庫』（個人蔵）

「越」は仮名として書かれている

【読み】

和歌三神（王(わ)可(か)さんじん）

人丸大明神（ひとまる多(だ)いめうじん）

保(ほ)のくと明石の浦能(の)（あ可(か)し　うら）

朝霧尓(に)嶋加(か)久(く)連(れ)行（安(あ)さぎり　しま　由(ゆ)く）

舟越(を)しぞ於(お)毛(も)ふ（ふ年(ね)）

玉　津嶋大明神
立かへり又も
此世尓(に)安(あ)と
た連(れ)ん
名毛(も)於(お)毛(も)しろ起(き)
和　哥能(の)うら奈(な)み

住　吉大明神
夜や佐(さ)む起(き)衣や
薄　起(き)可(か)多(た)そぎの
行　合の間より
霜や於(お)くらん

【現代表記】 この三首は『百人一首』には未収録

ほのぼのと明石の浦の朝霧に島隠れゆく
　舟をしぞ思ふ

たちかへりまたも此の世に跡たれん名も
　おもしろき和歌の浦波

夜や寒き衣やうすきかたそぎのゆきあひ
　のまより霜やおくらん

漢字と仮名を見きわめる

江戸時代に多く作られた『百人一首(ひゃくにんいっしゅ)』の絵入りの読本(よみほん)『丹鶴(たんかく)百人一首宝庫(たからぐら)』です。「和歌三神(さんじん)」とは、一般的に、柿本人麻呂(かきのもとのひとまろ)・玉津島明神(たまつしまみょうじん)・住吉明神(すみよしみょうじん)を指し、和歌の道を守護する神様やすぐれた歌人のことです。

これまで読んできたおもに変体仮名によるものとは異なって、漢字が多く交じってきました。冒頭の歌はどうしても「月」と読んでしまいがちですが、そばに繰り返し記号があるので、仮名ではないかという推測ができます。「越」は漢字として書かれているのか、変体仮名「を」として書かれているのかは、ルビの有無、文脈で判断します。

『丹鶴百人一首宝庫』を読む

2 六歌仙

全体図　『丹鶴百人一首宝庫』(個人蔵)

読み

六歌仙（ろく可(か)せん）

大伴　黒主（於(お)本(ほ)と毛(も)のくろ奴(ぬ)し）

思(於(お)も)ひ出(いで)弖(て)恋(こひ)し起(き)登(と)起(き)盤(は)

者(は)つ雁(可(か)り)のない亭(て)

和(わ)多(た)流(る)「と」人(ひと)盤(は)知(し)ら須(す)(ず)や

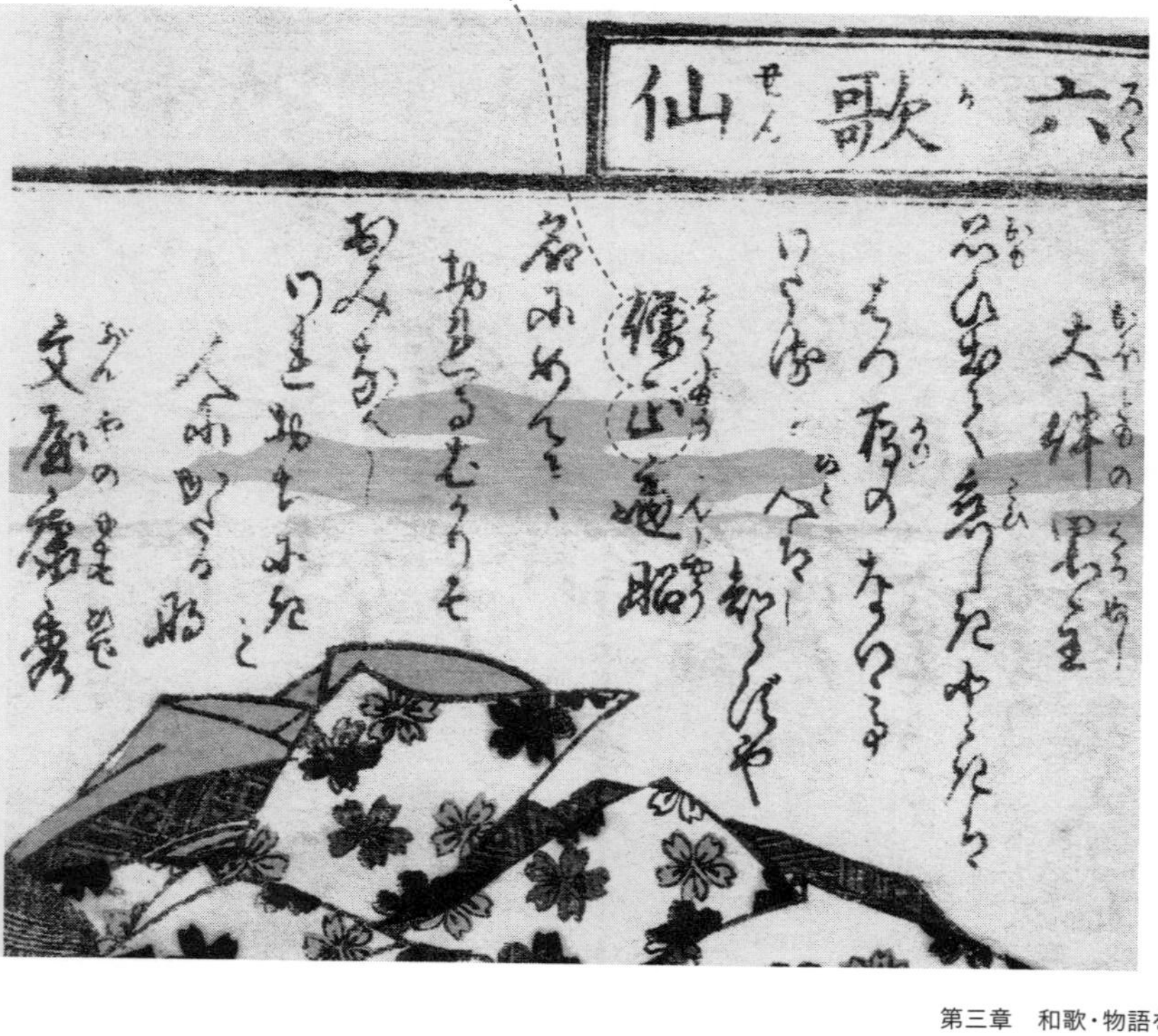

「僧」の最後の画と「正」の一画目が連綿している

僧正遍昭（そうじ也(や)うへんじ也(や)う）

名尓(に)め天(で)、
於(お)連(れ)る者(は)可(か)りそ
於(お)み奈(な)へし
和(わ)連(れ)於(お)ちに尓(に)起(き)と
人尓(に)加(か)多(た)る那(な)

文屋康秀（ぶんやの也(や)春(す)ひで）

婦(ふ)くから尓(に)　秋(安(あ)起(き))の
草木(くさき)能(の)志(し)保(ほ)るれハ(ば)
むべ山　風(可(か)ぜ)越(を)
安(あ)らしといふらん

【現代表記】

思ひいでて恋しき時は初雁のない［き］てわたると人は知らずや
名にめでて折れるばかりぞ女郎花我おちにきと人に語るな
吹くからに秋の草木のしほ［を］るればむべ山風を嵐といふらむ

文字の切れ目を手がかりに

「六歌仙」とは『古今和歌集』の序に名前が挙げられている六人の歌人のこと。大伴黒主(おおとものくろぬし)・僧正遍昭(そうじょうへんじょう)・文屋康秀(ふんやのやすひで)・喜撰法師(きせんほうし)・小野小町(おののこまち)・在原業平(ありわらのなりひら)です。和歌や俳句で、句の切れ目や単語ごとに自由に行頭を上げたり下げたりする書き方は「散(ち)らし書き」と呼ばれます。この中で平仮名からの連想がつきにくいのは、「盤(は)」「登(と)」「亭(て)」「連(れ)」「和(わ)」などでしょうか。振り仮名も変体仮名で振ってありますから、漢字の字形とお互いに比較しながら、繰り返し読み進めます。注意したいのは、現行の平仮名の字形にとらわれてしまわないようにすることです。

『丹鶴百人一首宝庫』を読む 3

六歌仙

全体図　『丹鶴百人一首宝庫』(個人蔵)

読み

喜撰法師（きせん本(ほ)うし）

我庵ハ(は)三(み)やこの（王(わ)可(が)い本(ほ)）

たつみ

鹿ぞ春(す)む（し可(か)）

苷越(を)（よ）

うぢ

山と
人盤(は)いふらん

小野小町(をののこまち)
花者(は)奈(な)の色(いろ)八(は)う徒(つ)り尓(に)
希(け)り奈(な)い多(た)づら尓(に)
我王(わ)可(が)三(み)身卋(よ)尓(に)ふ類(る)な可(が)免(め)
せし満(ま)尓(に)

在原業平朝臣(安(あ)りハ(は)らの奈(な)りひら安(あ)そん)
祢(ね)怒(ぬ)累(る)夜(よ)の夢(ゆめ)越(を)は可(か)なみ満(ま)どろめ八(ば)
以(い)やは可(か)奈(な)仁(に)毛(も)なり満(ま)さ流(る)可(か)那(な)

【現代表記】

わが庵は都のたつみしかぞすむ世をうぢ山と人はいふらん［なり］

花の色はうつりにけりないたづらにわが身世にふるながめせしまに

寝ぬる夜の夢をはかなみまどろめばいやはかなにもなりまさるかな（『伊勢物語』など）

字母の使い分け
「波」「八」
「者」「盤」

書の表現のコントラスト

書の連綿を味わう

「六歌仙」の後半です。一首目、「たつみ（巽）」は東南の方角のこと。「者（は）」「八（は）」「盤（は）」「波（は）」など、同じ仮名でも使う場所によって字母を変えるのは、連綿の美しさや流れを意識してのことだと考えられます。また、現行の平仮名のみだと、どうしても字形が単純になりがちです。業平の歌の冒頭、「祢（ね）怒（ぬ）累（る）……」などの箇所は隣の行の簡素さとのコントラストを味わってみてください。

和歌には「我」「世（卋）」などの漢字、「希（け）り」「可（か）那（な）」などの助動詞・助詞に使われる仮名が頻出します。

『丹鶴百人一首宝庫』を読む

4　三夕の歌

全体図　『丹鶴百人一首宝庫』(個人蔵)

「能」「乃」「農」の字母の使い分け

左から行が始まっている

読み

三夕之圖　並　和歌（さんせ起(き)の　づ　奈(な)らび尓(に)王(わ)可(か)）
夕ぐれ（由(ゆ)ふ）
秋　能(の)（安(あ)起(き)）
登(と)満(ま)や乃(の)
うら能(の)
な可(か)り希(け)梨(り)
紅葉毛(も)（もみぢ）
花　毛(も)（者(は)奈(な)）
見和(わ)多(た)せハ(ば)（三(み)）
藤原　定家（ふぢハ(は)らのさ多(だ)いへ）

現代表記

見渡せば花も紅葉もなかりけり浦の苫屋の秋の夕暮れ

読み

寂蓮法師（じ也(や)く連(れ)ん本(ほ)ふし）
佐(さ)飛(び)し
左(さ)ハ(は)
楚(そ)の
色（いろ）と
し毛(も)
な可(か)り
介(け)梨(り)
槙（ま起(き)）堂(た)つ
山（也(や)ま）能(の)
秋（安(あ)起(き)）乃(の)ゆふ
ぐ連(れ)

現代表記

さびしさはその色としも
なかりけり槙立つ山の
秋の夕暮れ

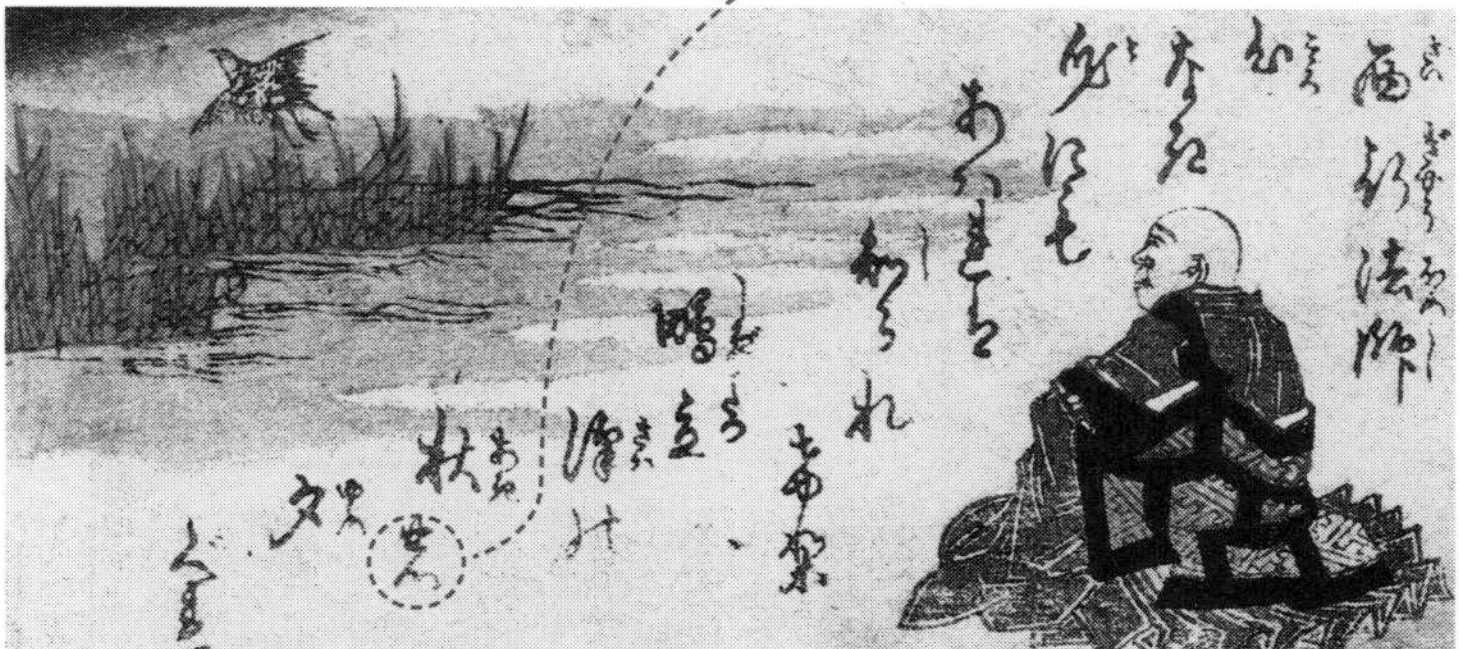

読み

西行法師（さいぎ也(や)う本(ほ)ふし）
心（こゝろ）
な起(き)
身（三(み)）に毛(も)
安(あ)ハ(は)連(れ)盤(は)
知（し）られ
希(け)梨(り)
鴫立（し起(ぎ)多(た)つ）
澤（さハ(は)）能(の)
秋（安(あ)起(き)）農(の)
夕（ゆふ）
ぐ連(れ)

現代表記

心なき身にもあはれは知
られけりしぎ立つ沢の
秋の夕暮れ

『丹鶴百人一首宝庫』を読む 5

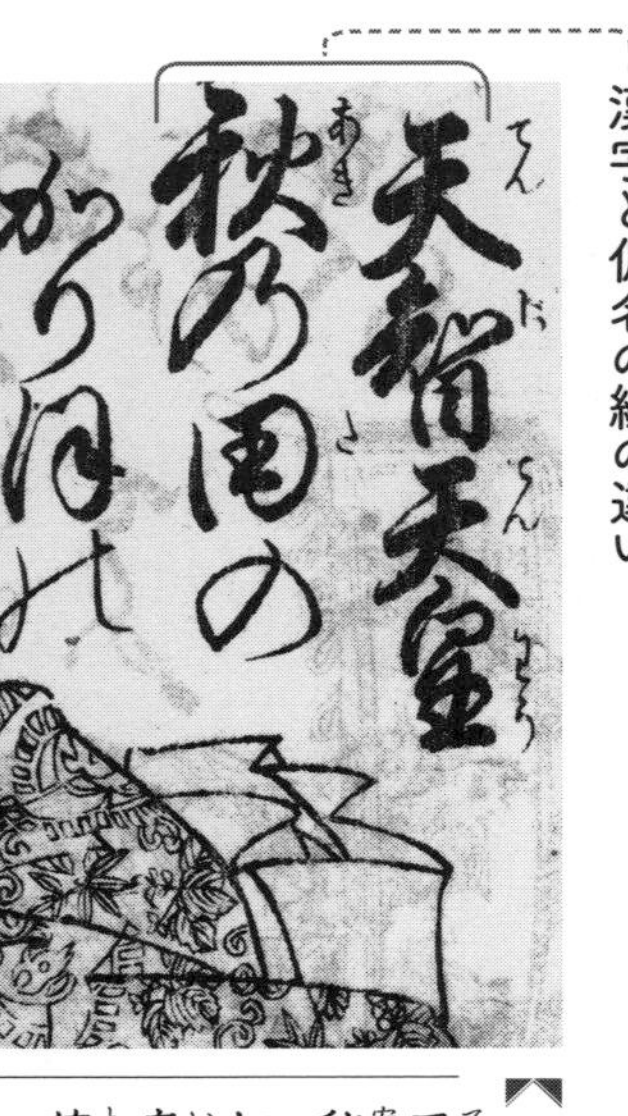

漢字と仮名の線の違い

《読み》 下段

天智天皇（てんちてんわう）
秋（安(あ)き）　乃(の)田（多(た)）の
加(か)り保(ほ)能(の)
庵（い本(ほ)）　の
苫（とま）越(を)
あらみ
我（王(わ)可(が)）　衣手（ころもで）盤(は)
露（つ由(ゆ)）　尓(に)奴(ぬ)連(れ)徒(つ)、

《現代表記》

秋の田のかりほの庵の苫をあら
みわが衣手は露にぬれつつ

全体図　『丹鶴百人一首宝庫』（個人蔵）

御家流の典型的な書風

これまでは有名な和歌のエピソードを口絵風に色刷りした箇所でしたが、ここから『百人一首』の歌の鑑賞が始まります。上段に

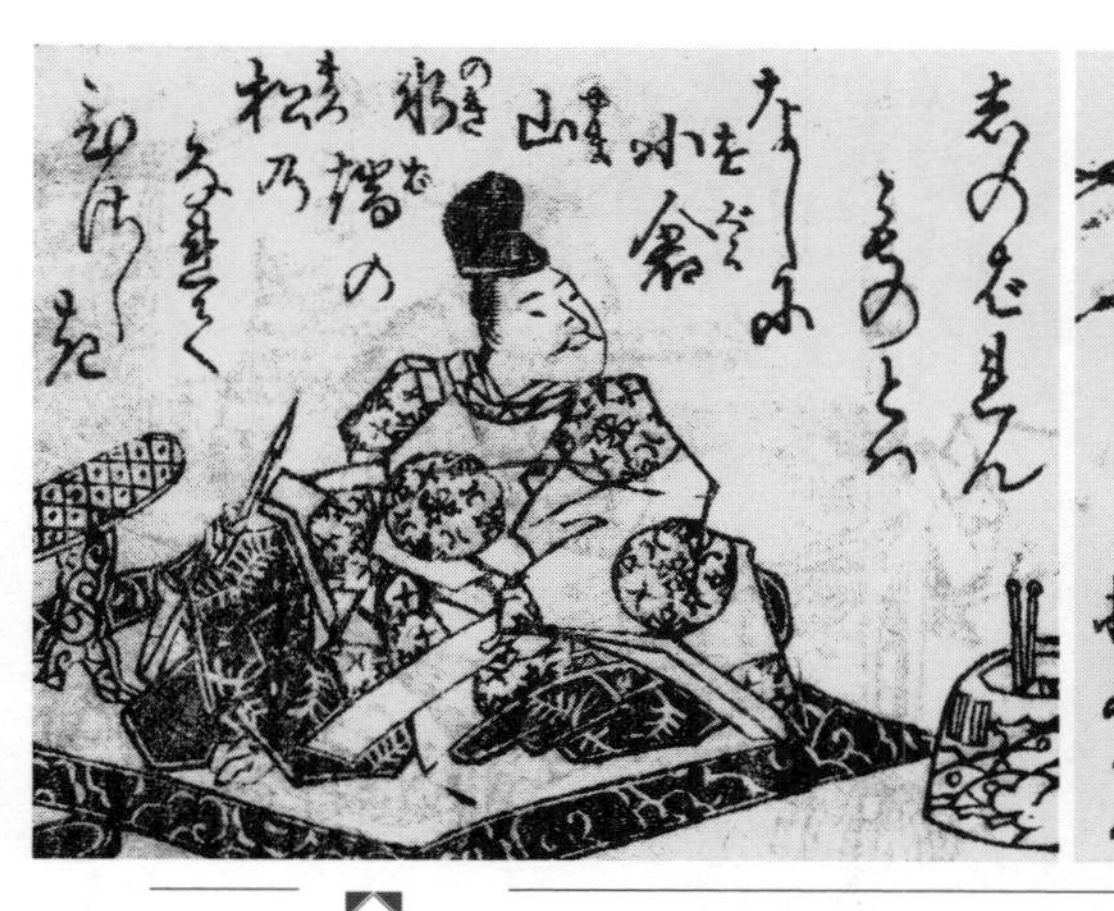

【読み】上段

小倉の
山荘能(の)圖
定家卿この
山荘にし弖(て)
百人一首を
撰み給ふ

志(し)の者(ば)連(れ)ん
毛(も)のとハ(は)
なし尓(に)小倉山
軒端の
松乃(の)
奈(な)連(れ)弖(て)
飛(ひ)佐(さ)し起(き)

【現代表記】

忍ばれんものとはなしに小倉山軒端の松の［ぞ］なれて久しき（藤原定家）

書かれているように、『百人一首』とは、ある人物が藤原定家に小倉山にある山荘の装飾として、古今の和歌からすぐれたものを百首選んで色紙に書かせたものです。歌かるたやこのような本を通じて、和歌を覚えるテキストとして尊ばれました。

上段と下段は書風が異なることに注目してください。下段はとくに江戸時代の社会全般で書かれた「御家流」という書風の典型的な姿です。点画がはっきりしていることと、漢字は太く、仮名は細く書かれているという特徴があるので（そうでないものも多くあります）、読みやすいのではないでしょうか。上段には、『百人一首』には採られていないものの、有名な歌が記されています。

『丹鶴百人一首宝庫』を読む 6

イトヘンのくずし

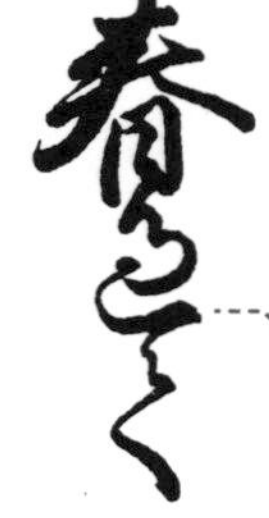

シンニュウの終画が「弖」に連綿している

読み 下段

持統天皇（じとうてん王(わ)う）
春（者(は)る）過（春(す)ぎ）弖(て)夏（奈(な)つ）
き尓(に)希(け)らし
白（志(し)ろ）妙（多(た)へ）の
衣（こ(ろ)毛(も)）　保(ほ)春(す)
てふ
安(あ)万(ま)の
かく
山

現代表記

春すぎて夏来にけらし白妙の
衣ほすてふ天の香具山

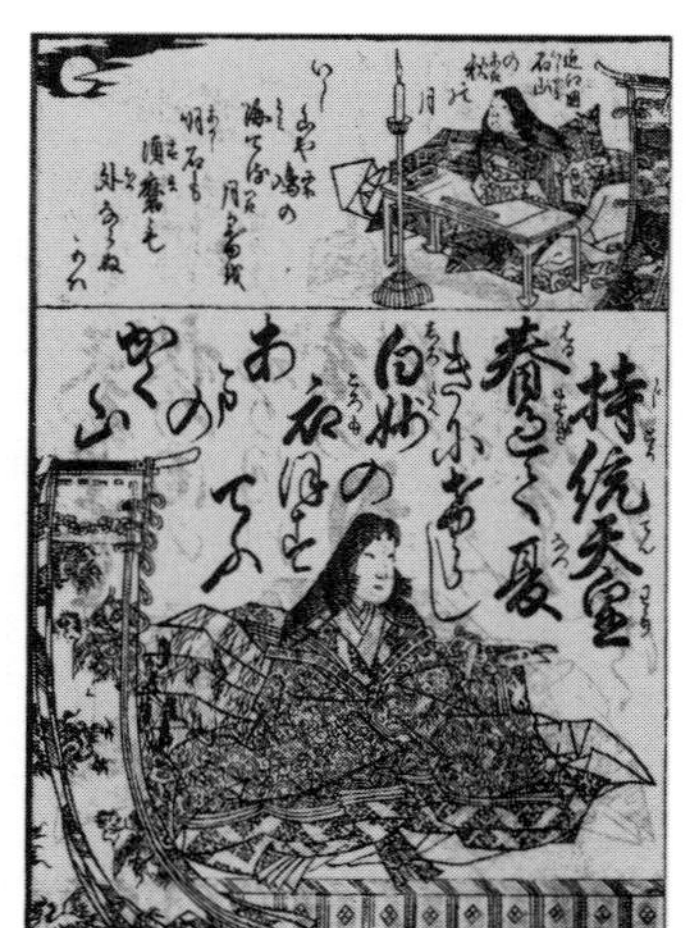

全体図　『丹鶴百人一首宝庫』(個人蔵)

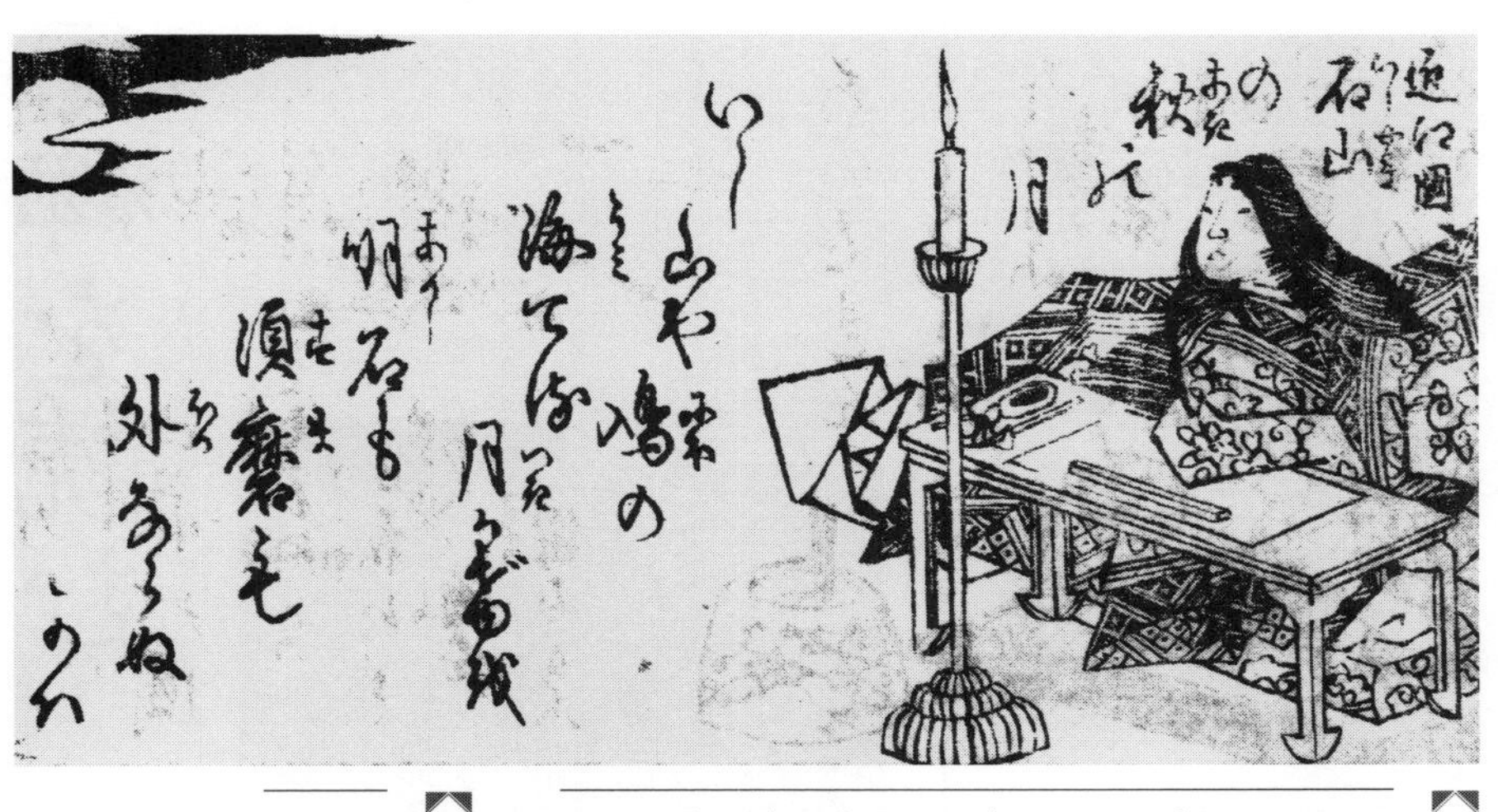

《読み》上段

近江国
石山（いし也（や）ま）
の
秋（安（あ）起（き））　能（の）月
いし山や　鳰（尓（に）本（ほ））の
海（う三（み））　て流（る）
月（つ起（き））　可（か）希（げ）越（を）
明（安（あ）可（か）し）　石毛（も）
須（春（す））磨（ま）毛（も）
外（本（ほ）可（か））　奈（な）ら奴（ぬ）
可（か）ハ（は）

《現代表記》

石山や鳰の海てる月かげを［は］明
石も須磨もほかならぬかは［哉］

連綿の難しさ

下段は有名な歌です。持統（じとう）天皇は天武天皇の皇后で、史上三人目の女帝だった人です。これまでにも出てきましたが、「統」のイトヘンは典型的なくずしです。「天」と「弖」のくずしは区別するのが難しいですね。また連綿では、単に文字を続けるだけでなく、画を共有することもあります。こうした連綿は非常に多いので、しばしばどこまでがその字なのか判断がつかないことがあります。

上段の「いし山や」は古くから和歌の題材になってきた近江八景（おうみはっけい）を詠（うた）った江戸時代初期の歌人・近衛信尹（このえのぶただ）によるもの。「鳰（にお）」はカイツブリのことです。

句碑を読む

「飛」のくずし

大返しの符号

【読み】

飛（ひ）与（よ）ろくとな本（ほ）
露（つゆ）介（け）しやを三（み）奈（な）へし

【現代表記】

ひよろひよろとなほ露けしやをみなへし

芭蕉句碑（熊野神社）

句碑の大胆な書風

江戸中期以降、松尾芭蕉（まつおばしょう）の句碑を建てることが全国で流行しました。この句碑は両方とも東京都国分寺市熊野神社にあるもので、右ページは幕末から明治初期の俳人・宝雪庵可尊（ほうせつあんかそん）が芭蕉の句を書いたもの、左ページは可尊の辞世の句を書いたものです。碑面を複数の写真に撮ったものを合成しています。「飛」は頻出するくずしですが、類推がつきにくく、なかなか慣れませんね。両方に出てくるくずし方にも共通点が見られますが、字形はやや異なっています。大返し「く」、「へ」「し」などの大胆な書きぶりとくずしが江戸〜明治期の句碑の一つの特徴です。

宝雪庵可尊句碑（熊野神社）

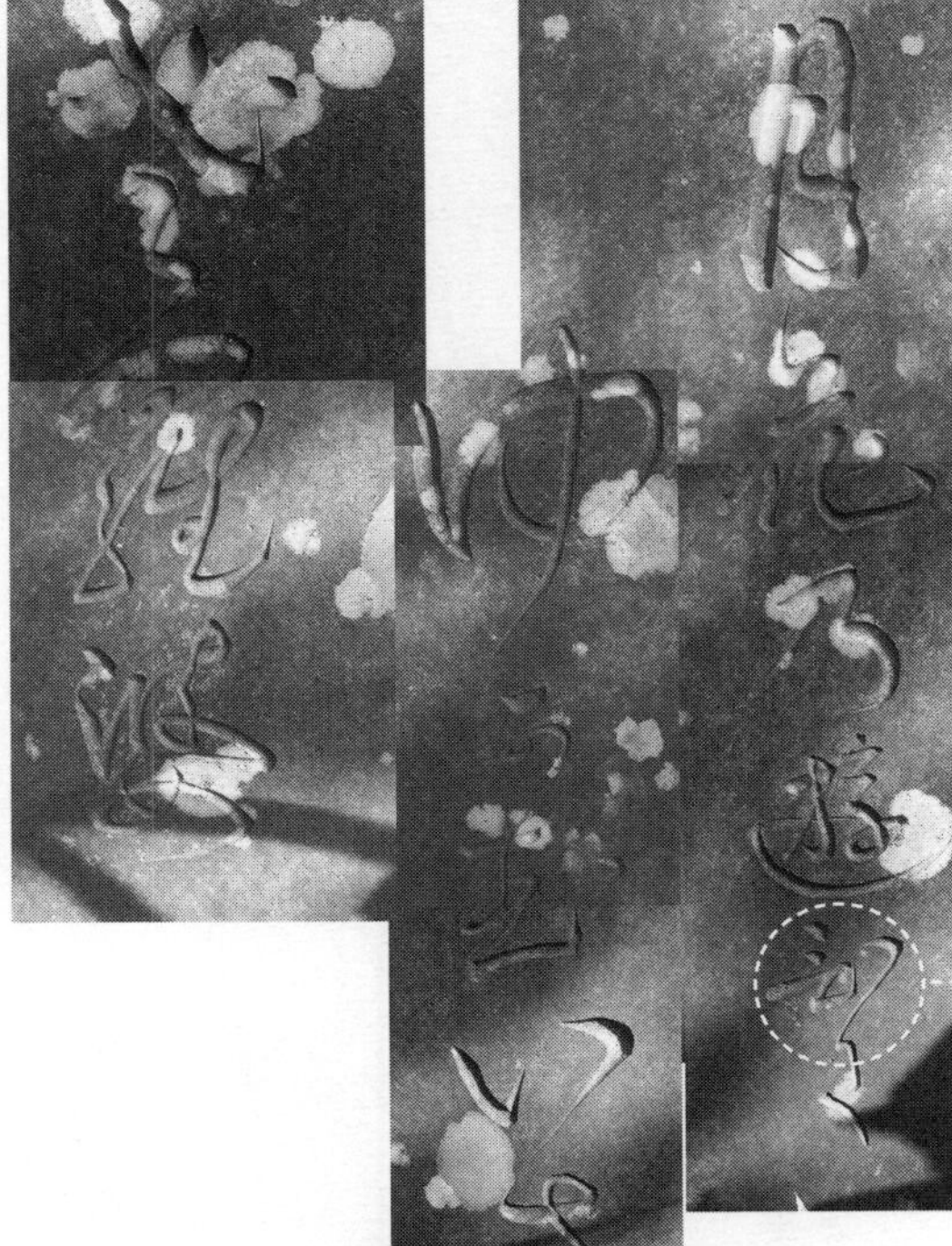

《読み》

月花乃（の）遊（あそ）飛（ひ）尓（に）
ゆ可（か）武（む）いさ
左（さ）羅（ら）婆（は）

《現代表記》

月花の遊びに行（ゆ）かむいざさらば

歌碑を読む 1

句ごとに読み進めてみよう

書道の表現で字母を変えている「ただ（多(だ)）」

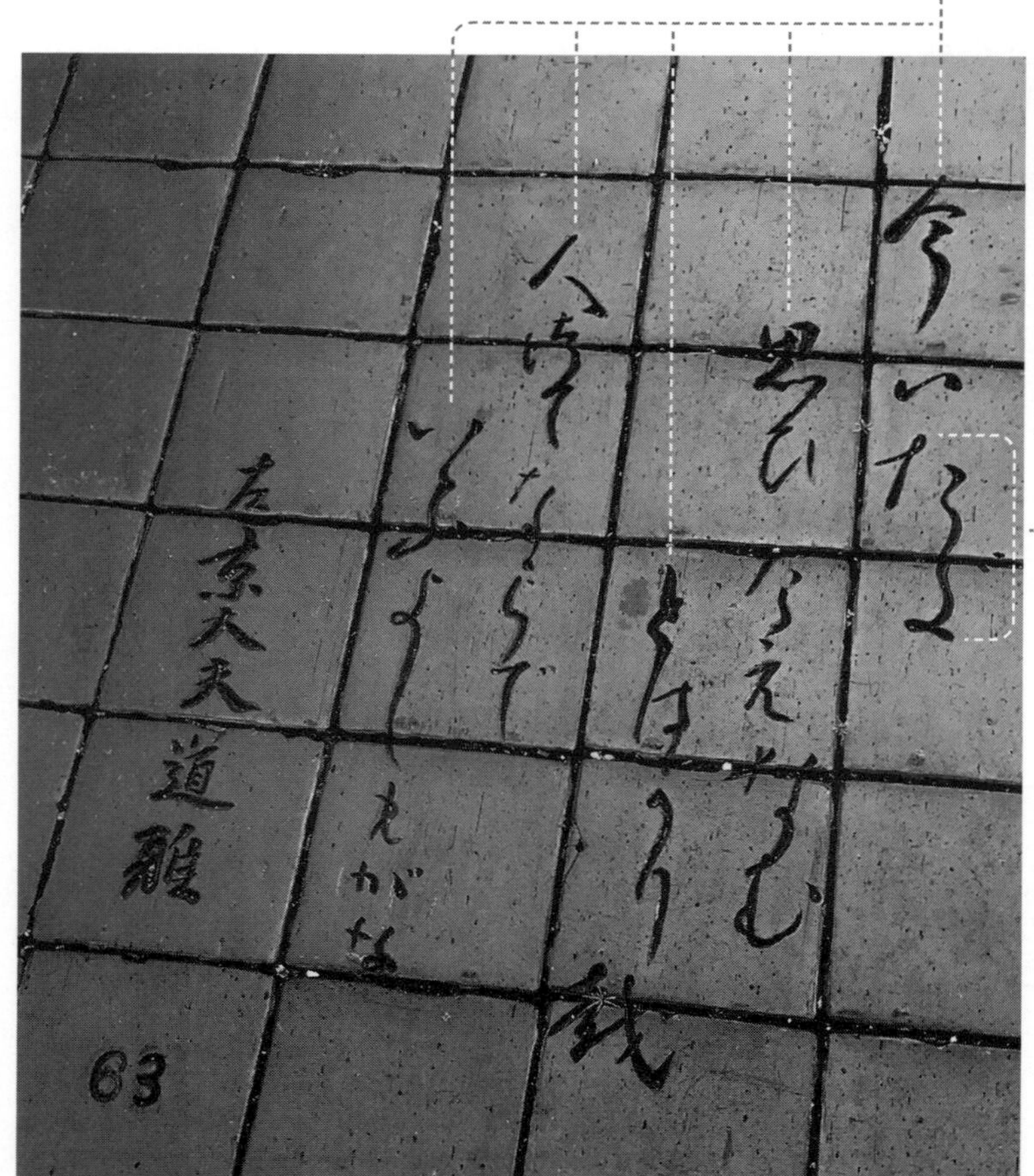

東京・用賀駅前の散歩道

【読み】

今ハ(は)た多(だ)
思ひたえなむ
とば可(か)り越(を)
人徒(つ)てならで
いふよし毛(も)がな
　左京大夫道雅

【現代表記】

今はただ思ひ絶えなむとばかりを
人づてならで言ふよしもがな

明治二十六年に出版された書道手本集『小倉百人一首』（小野鵞堂書）から同じ歌を。文字の使い方などを見比べてみてください。濁点は打たれていません。

【読み】

いまはた、於（お）毛（も）ひ多（た）
衣（え）なんと者（は）かりをひ
登（と）つて奈（な）ら天（て）
いふよし毛（も）可（か）な
左京大夫道雅

一句目四字目は「多」の草書体で変体仮名。これまでにも何回も出てきました。その前の文字は平仮名の「た」を書いているのに、と思いますが、同じ文字が続くのを嫌ったものと考えられます。ちなみに現行の平仮名「た」の元になっているのは、「太」ですが、二句目の三字目などは「太」の行書の書きぶりが残っています。

「今となっては、あなたへの想いをあきらめてしまおう、というそのことだけを人づてにではなく（直接逢って）言いたいものだ」という歌意の和歌です。『百人一首』にも採られています。

くずし字読解の練習に

神社や仏閣、景勝地などには多く歌碑が建っています。江戸時代には、万葉歌碑を建てることが非常に流行しました。ここで取り上げるのは碑ではなく、散歩道の石畳に刻まれたもので、現代人にも読みやすいように煩雑なくずし字は使われていません。『百人一首』の項でも述べましたが、和歌の句の末尾には「けり」「かな」などの助動詞・助詞で終わるものが多いために、歌碑を読むことはくずし字読解のいい練習になるのではないかと思います。

歌碑を読む 2

【読み】

す左（さ）ひ丹（に）登（と）は之（し）免（め）志（し）

古（こ）加（か）ひ王（わ）可（か）以（い）乃（の）ち

あ良（ら）ぬか幾（き）りと

思（おも）飛（ひ）奈（な）り怒（ぬ）流（る）

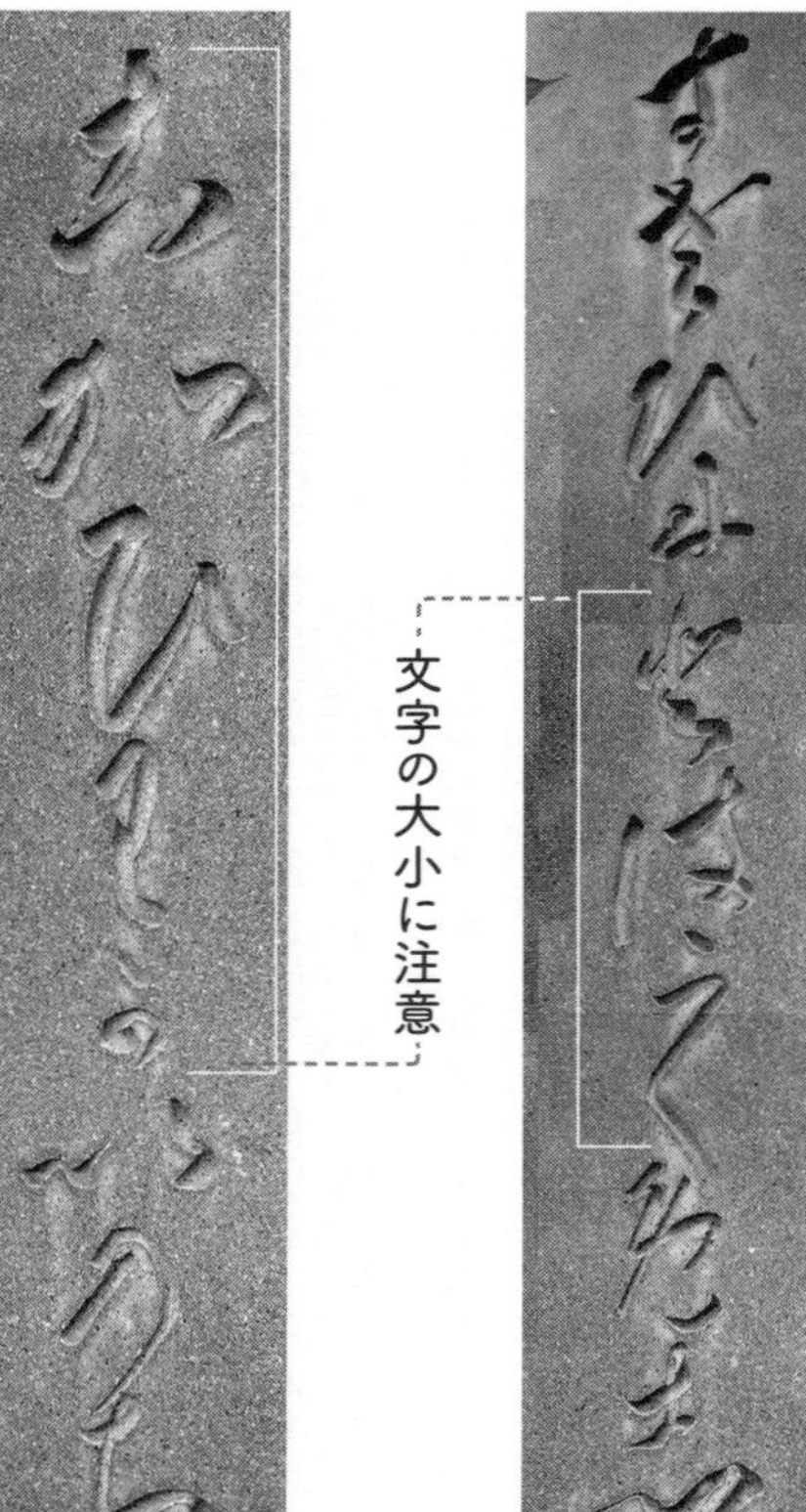

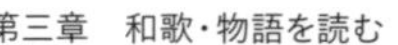

【現代表記】

遊びにと始めし蚕飼ひわが生命あらぬ限りと思ひなりぬる

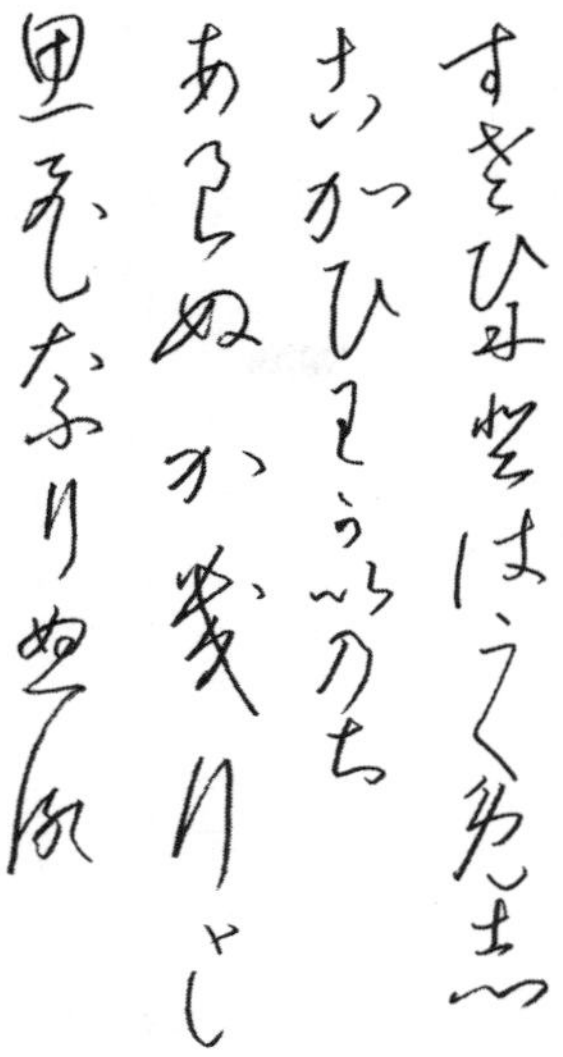

貞明皇后の御歌歌碑

貞明皇后（大正天皇の皇后）の御歌を大ぶりの仮名で書いた歌碑です。五メートル近くあるものですが、拓本資料もないので、碑面の写真で部分ごとに読んでみましょう（複数の写真を合成しています）。「丹（に）」は「尓（に）」と似たくずしです。また、これまでにも例がありましたが、「登（と）」のような字画が複雑な仮名は文字が大きくなります。また「ひ」「王」のような簡単な字形でも大きく書かれることがあります。文字のさまざまな大きさに注意してみてください。

「蚕飼い」は養蚕のこと。明治～大正時代には養蚕は、生糸を製造し海外に輸出することで外貨を獲得する非常に重要な産業でした。貞明皇后は、自らも養蚕を手がけ、奨励したことで知られます。「なぐさみごととして始めた養蚕を命の限り続ける思いであることだ」という歌意です。

貞明皇后御歌歌碑（東京・立川市）

『源氏物語絵尽大意抄』を読む 1

『源氏物語』の啓蒙書

時代を超えて、広く親しまれてきた物語『源氏物語』。江戸時代から、さまざまな注釈や啓蒙書が発行されていますが、絵と和歌を組み合わせて、あらすじを理解しやすいように編集されたのが『源氏物語絵尽大意抄』です。図版は序文の冒頭部分で、『源氏物語』の題名や光源氏の名前の由来などが記されます。

文字の大きさも揃えられており、書簡のように極端なくずしは使われていませんが、三行目の冒頭などに現れる「給」のくずしはわかりにくいですね。また、四行目の下部の「相し参らす」などのように連綿によって、文字の最初や最後の画が変形されることが多く見られます。句読点がないので、「なり」などで文章の区切りの見当をつけるようにするといいでしょう。三行目「糸竹（しちく）のわさ」は弦楽器と管楽器を意味し、ひいては音楽のことを指します。四行目「高麗」は朝鮮半島のこと。

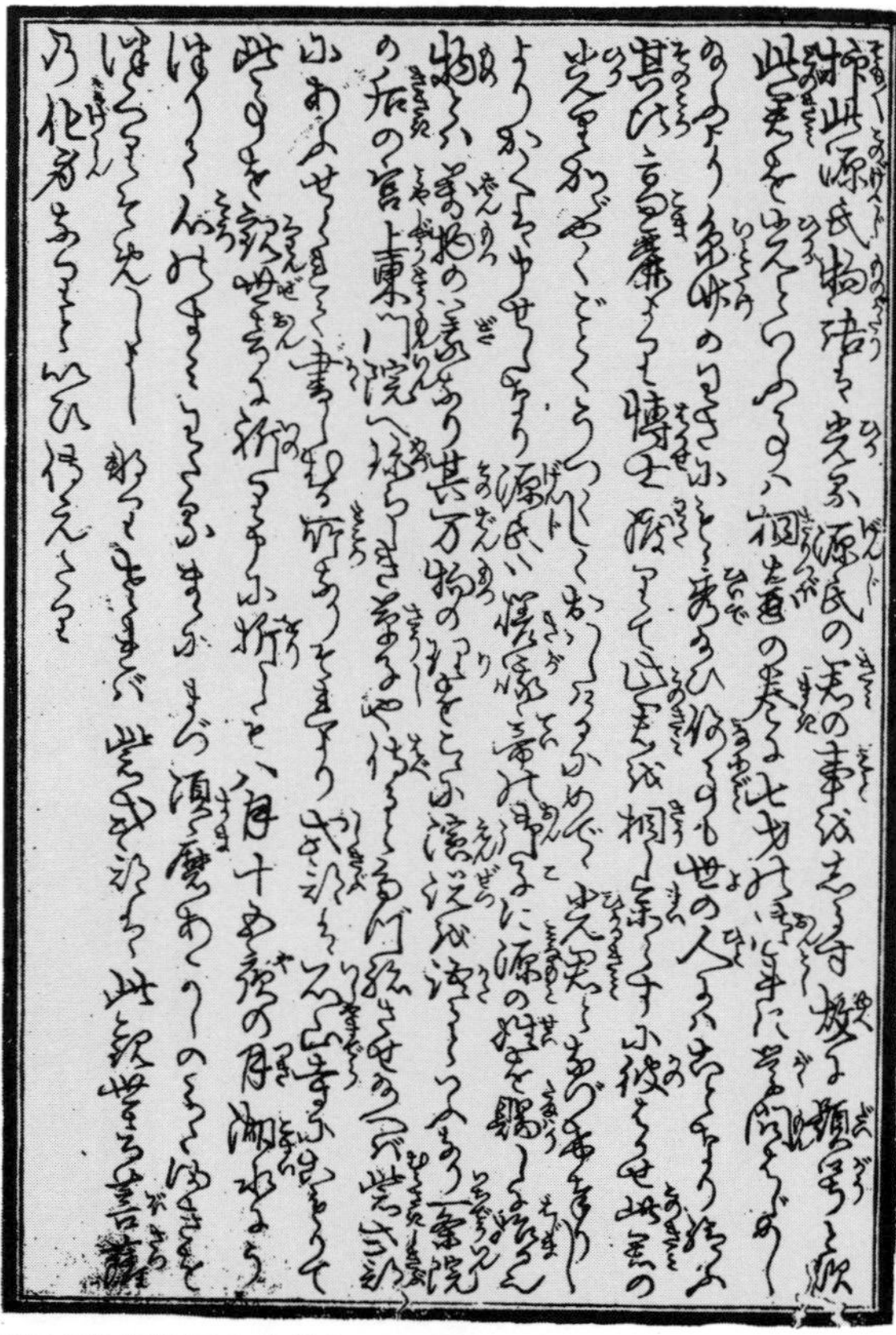

『源氏物語絵尽大意抄』(早稲田大学図書館蔵)

一行目上部

読み

抑此源氏物　語　盤(は)光累(る)源氏の

一行目下部

読み

君の事越(を)志(し)るす故尓(に)題　号と須(す)。

二行目上部

読み

此君を光　といふ事ハ(は)桐壺　の

二行目下部

読み

巻尓(に)七才能(の)御年に学　問　者(は)じ女(め)し

『源氏物語絵尽大意抄』を読む 2

両方とも「給」

三行目上部

【読み】

給《たま》不（ふ）より、糸竹《いと多（た）け》の王（わ）さ尓（に）毛（も）秀給《ひいでたま》ひ

三行目下部

【読み】

何《奈（な）尓（に）》事《ごと》も世《よ》の人《ひと》尓（に）八（は）古（こ）と奈（な）り給《たま》不（ふ）。

これも「給」

四行目上部

【読み】

其比《そのころ》高麗《こま》よ里（り）博士《者（は）可（か）せ》渡《王（わ）多（た）》里（り）て

四行目下部

読み

此君越(を)相し参らす尓(に)彼者(は)可(か)せ此君の

「相」からの連綿線が「し」につながって「参」の上部につながる

五行目上部

読み

光里(り)加(か)ゞ也(や)くごとくうつくしく(於)おハ(は)

五行目下部

読み

し介(け)る尓(に)めでゝ光君と奈(な)づ希(け)奉りし

六行目上部

読み

よりかく盤(は)申せし奈(な)り。源氏ハ(は)……

『源氏物語絵尽大意抄』を読む ③

《読み》 上段

此《この》源氏毛（も）の可（が）多（た）りの
事ハ（は）いろく奈（な）る説
む可（か）しより春（す）く奈（な）
可（か）ら須（ず）。河海抄《かかいせう》の説
尓（に）ハ（は）尓（に）しの宮左大
臣髙明《たかあきら》公安和《あんな》二年
多（だ）ざいの権《ごん》のそ川（つ）尓（に）
左せんせら連（れ）給《たま》ひし……

「左」の異体字

全体図
『源氏物語絵尽大意抄』
（早稲田大学図書館蔵）

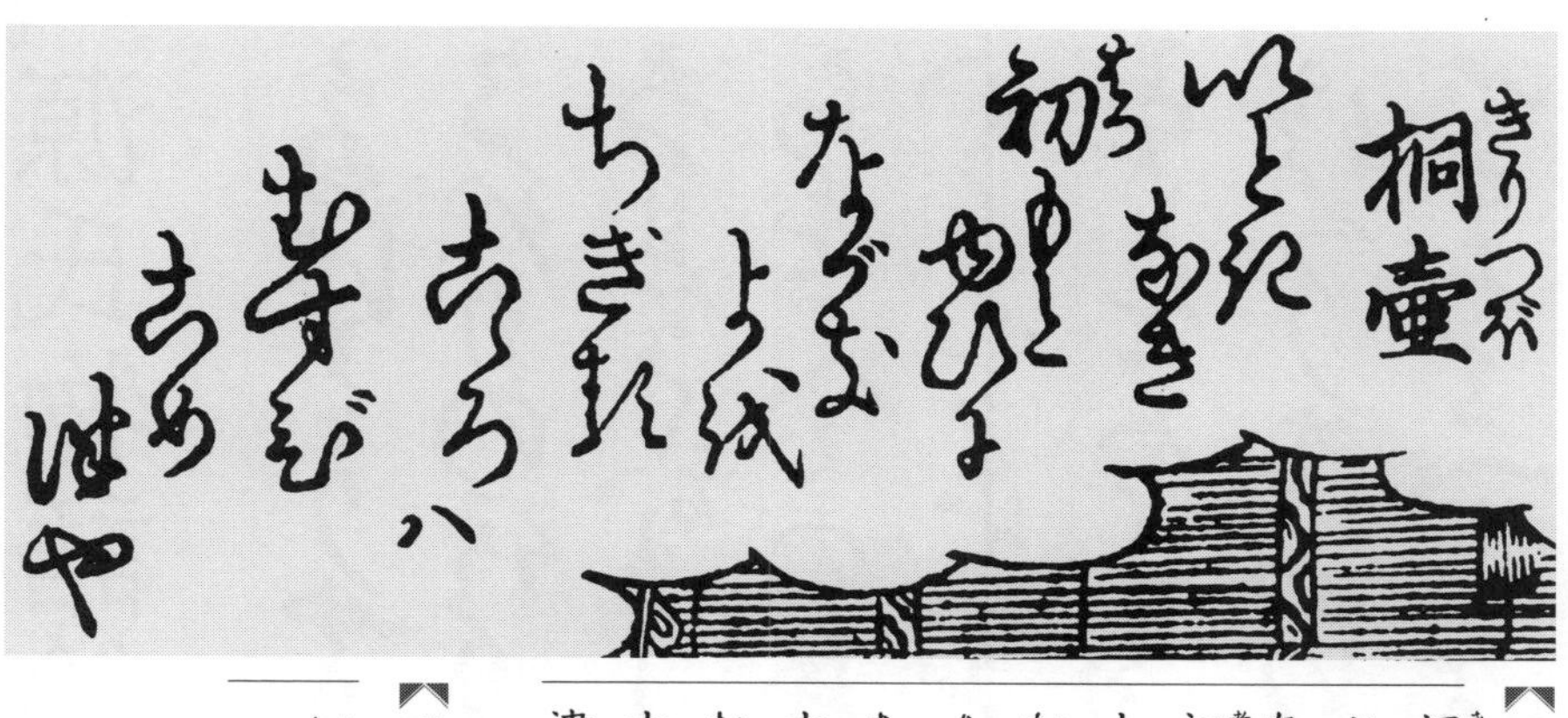

【読み】下段

桐壺（きりつ本(ぼ)）
以(い)と起(き)
奈(な)き
初（者(は)つ）毛(も)と
由(ゆ)ひ尓(に)
な可(が)支(き)
よ越(を)
ちぎ類(る)
古(こ)ゝろハ(は)
むす飛(び)
古(こ)め
津(つ)也(や)

【現代表記】

いときなき初元結(はつもとゆ)ひに長きせを契る心は結びこめつや

上段と下段は異なったテキスト

上段（頭書）は複数のページにわたって『源氏物語』の成立や文学史上の重要性などを説いたもので、基本的に下段の場面や和歌とは関係ありません。このページは、『源氏物語』の成立にはいろいろな説があるが……と書き起こされ、室町(むろまち)時代に書かれた『源氏物語』の研究書『河海抄(かかいしょう)』の説に従って、物語の成立を論じています。「左大臣高明」は源高明(みなもとのたかあきら)のこと。安和(あんな)の変（九六九年）で大宰府(だざいふ)に左遷(させん)されました。高明は光源氏のモデルという説があります。

下段には、『源氏物語』の各巻に収録される和歌が絵とともに記されています。この歌にある「初元結(はつもとゆ)い」は元服(げんぷく)の際に髪を結ぶことです。

『源氏物語絵尽大意抄』を読む ④

「連（れ）」

読み 上段

……多（た）けとり也（や）うのふ
る起（き）毛（も）の語りハ（は）目
奈（な）連（れ）弖（て）於（お）毛（も）しろか
ら春（ず）、人〻の耳目（じもく）を
於（お）どろ可（か）春（す）本（ほ）どの事
ど毛（も）をあ多（た）らしく
徒（つ）くりまふけて（設けて）多（た）
てまつるべきよし越（を）……

香道の「源氏香文様」

全体図
『源氏物語絵尽大意抄』
（早稲田大学図書館蔵）

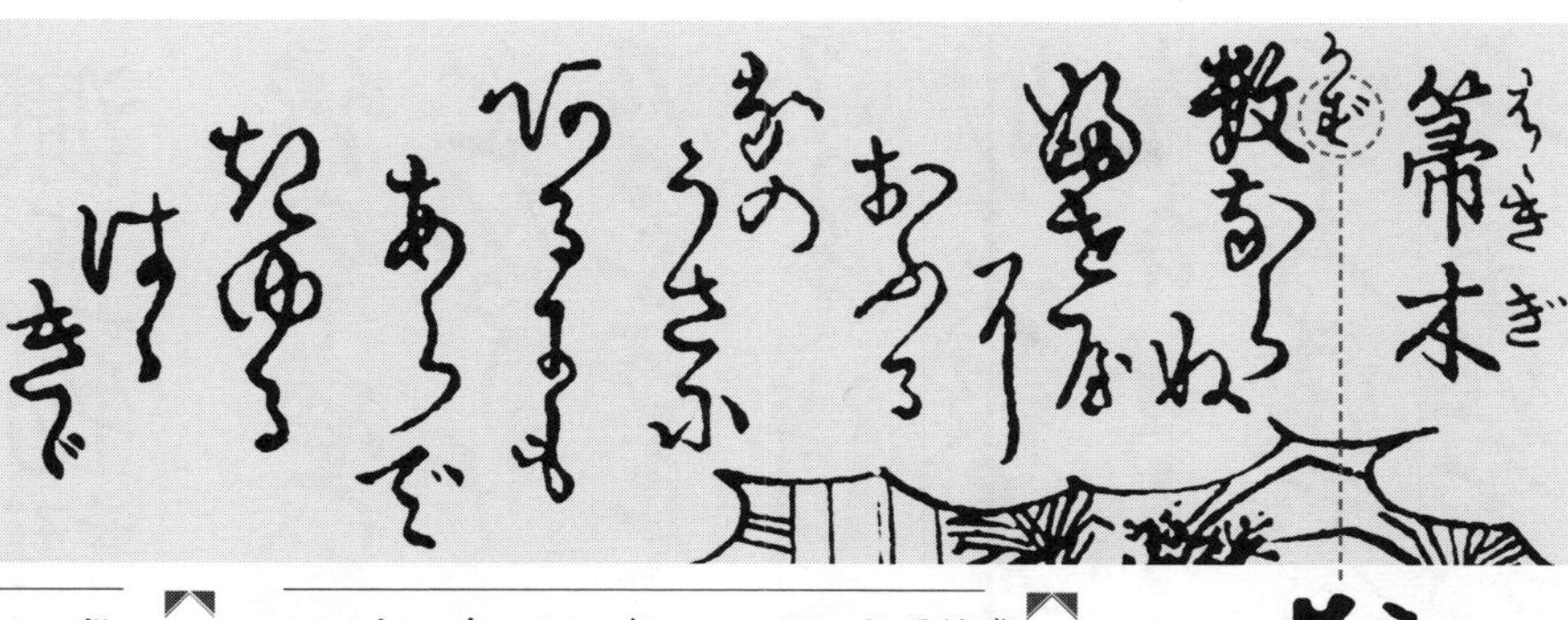

「春(す)」のくずし

隷書 春 → 仮名

【読み】 下段

者(は)ゝきぎ 箒木

可(か)春(ず) 数 奈(な)らぬ

婦(ふ)世(せ)屋(や)耳(に)（伏 屋）

おふる

奈(な)のうさ尓(に)

阿(あ)る尓(に)も

あら天(で)

起(き)由(ゆ)る

はゝきゞ

【現代表記】

数ならぬ伏屋におふる名の憂さに

あるにもあらで「ず」消ゆる帚木

省略化と書体

上段は、『宇津保物語』『竹取物語』のような古い物語ではなく、もっと面白い物語を書いてほしいと言われたので、石山寺に参籠(さんろう)すると……という『源氏物語』が書かれた機縁が述べられています。下段の和歌は、身分の低い空蟬(うつせみ)が源氏との身分の違いを嘆く内容です。ちなみに巻の題名の右にある縦棒(たてぼう)の文様(もんよう)は、「源氏香文様」と呼ばれる香道(こうどう)で使われる図形です。

これまでにも何回か出てきましたが、慣れないと戸惑(とまど)うのが「春」を「す」と読むことでしょうか。「春」は隷書体(れいしょたい)では上部は「主」「八」のように書かれていました。省略が進むごとに「主」は「十」「寸」のようになり、左右の払い「八」は一本線で書かれるようになります。下部の「日」は点で表現されるため、このようなくずしに変化しました。

『源氏物語絵尽大意抄』を読む 5

読み 上段

……語のふぜい空尓(に)てり
そひ弖(て)武(む)年(ね)尓(に)う可(か)び
介(け)るを王(わ)春(す)連(れ)奴(ぬ)(忘)先
尓(に)とて佛前(ぶつぜん)尓(に)安(あ)り
ける大般若(だいはんにゃ)のれうし(料紙)
を本尊(ほんぞん)尓(に)申うけ
てまづ須磨明石(すまあかし)の
ふ多(た)末(ま)起(き)(二巻)をか起(き)とゞめ……

「春」がここにも

「磨」がタレだけに略されている

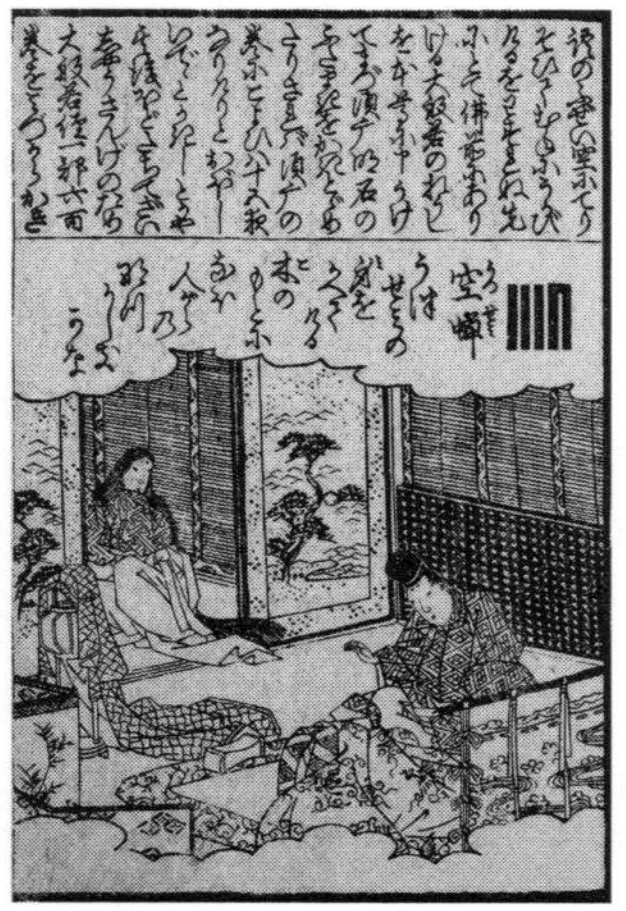

全体図
『源氏物語絵尽大意抄』
(早稲田大学図書館蔵)

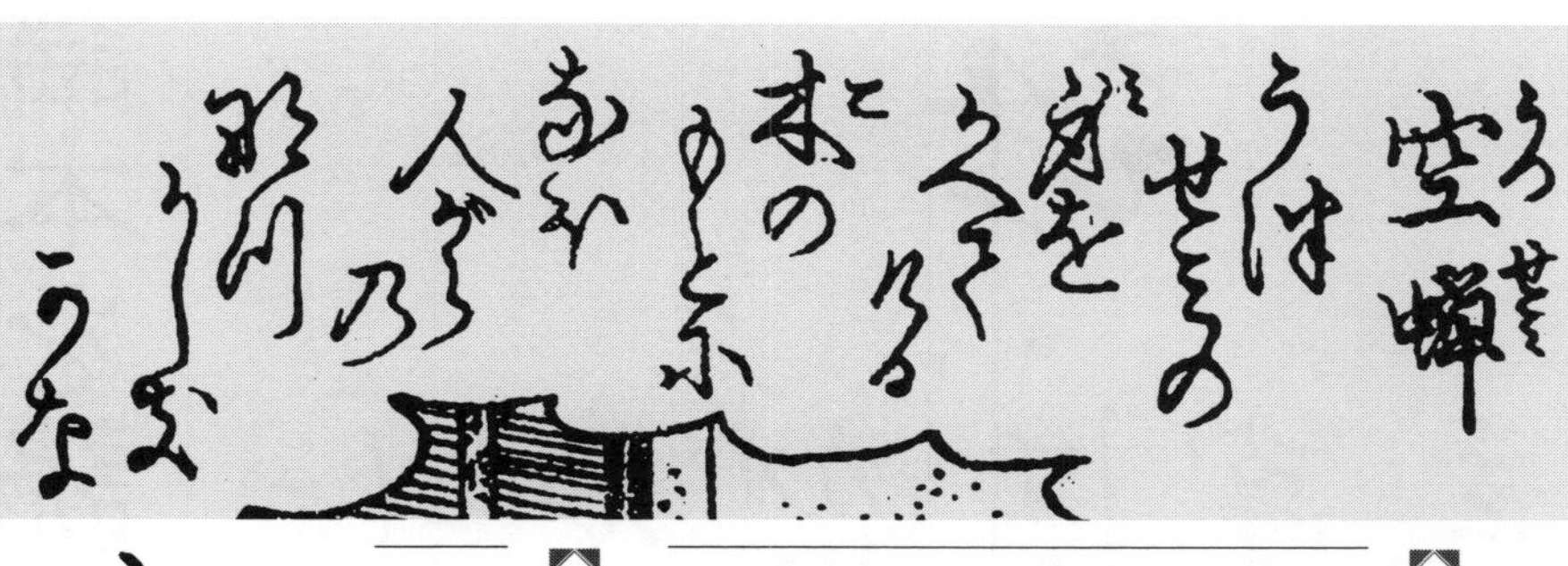

【読み】下段

空蝉（うつせ三(み)）
う津(つ)
せ三(み)の
身を
可(か)へ弖(て)介(け)る
木(こ)の毛(も)と尓(に)
奈(な)本(ほ)人可(が)ら乃(の)
那(な)川(つ)
可(か)し支(き)可(か)な

【現代表記】

空蝉の身をかへてける木のもとに
なほ人がらのなつかしきかな

可　し　支

「支」の上部に注意

文脈を逃さずに

上段では、物語の霊感を得て、忘れぬうちにと「須磨（すま）」「明石（あかし）」の二巻を写経の料紙（りょうし）に書きつけたという伝説が述べられます。

読みにくいのは、三行目の「[illegible]」でしょうか。「王(わ)」が「里(り)」などに見えてしまいますが、82ページで見た「春(す)」と「連(れ)」を覚えていれば、「物語を忘れないうちに」という文脈が連想できるのではないかと思います。また、漢字では「須磨」の「磨」がタレだけに略されています。

下段の和歌は、源氏が空蝉を懐かしんでいる内容です。この書き手は「起(き)」を使うことが多いようですが、歌の最後の部分では「支(き)」が使われています。「尓」「与」などと見分けがつきにくいのですが、上部が「十」の形に交わっていることに注意してください（点は打たれることも打たれないこともあります）。

謡本を読む

1「鉄輪」

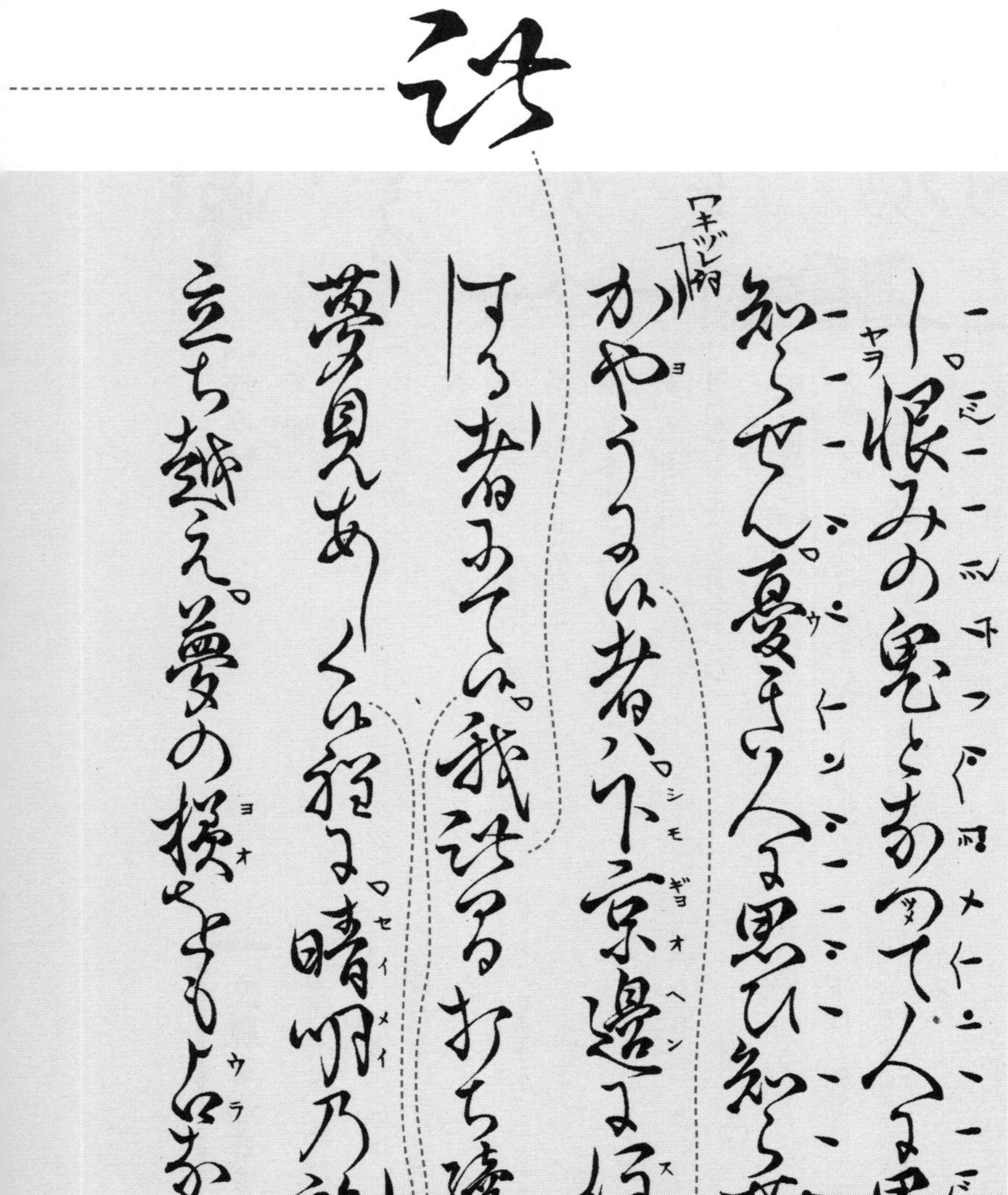

「候」の変化

同じ字形に見えるが異なった部首

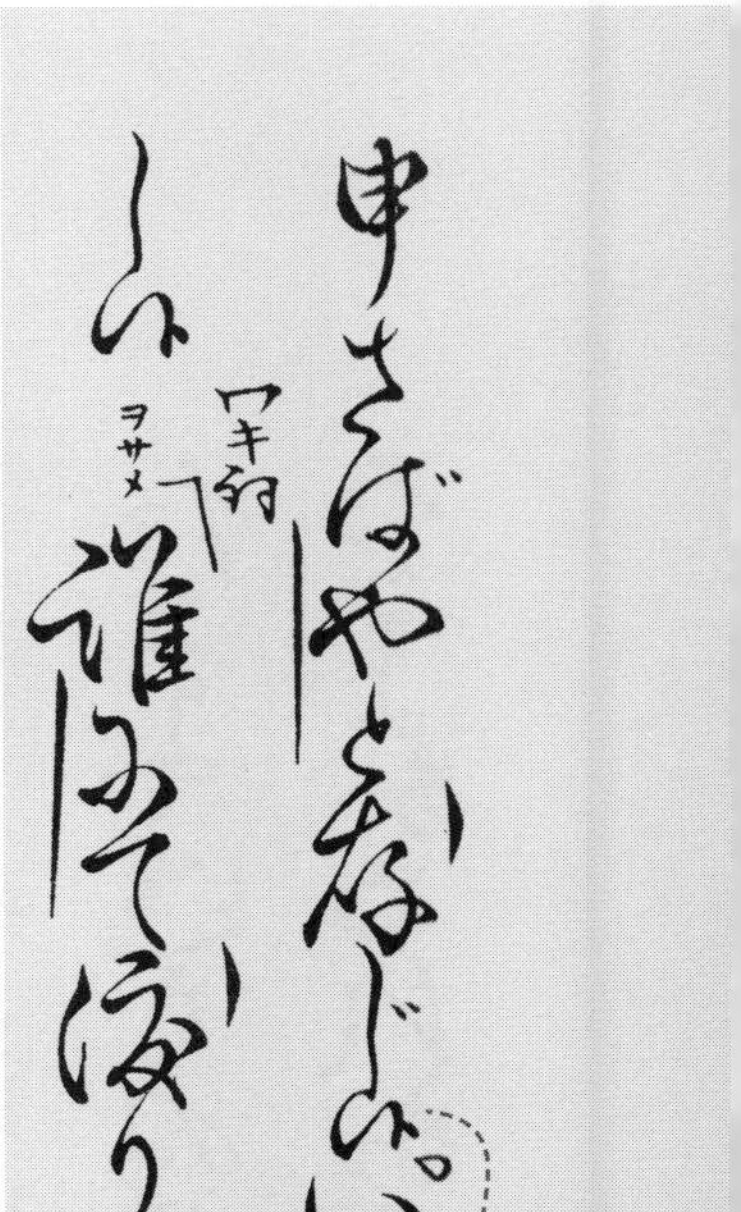

謡本『鉄輪』
（個人蔵）

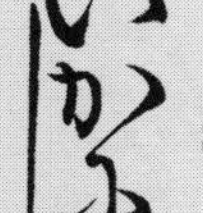

【読み】

（……さけられ）し、恨みの鬼と奈(な)つて人尓(に)思ひ知らせん。憂き人尓(に)思ひ知らせん。

〽かやう尓(に)候者八(は)、下京邊尓(に)住居する者尓(に)て候、我此間打ち續き夢見あしく候程尓(に)、晴明乃(の)許へ立ち越え、夢の様をも占奈(な)八(は)せ申さばやと存じ候。いか尓(に)案内申し候。〽誰尓(に)て渡り候ぞ　〽さん候……

候の字形に注意

「鉄輪」という能の謡本（宝生流）です。候文が使われています。離縁された女性が鬼となって、もとの伴侶に悪夢を見せるという場面です。行間の小さな符号は謡の調子や間を示すためのもので、中の白い読点なども見られます。「候」の字形が場所や連綿の続け方によって変わることに注意してください。昭和時代になってからのものなので、漢字も仮名も行書的で、極端なくずし方はされていません。謡本ではなくとも頻出しますので、「間」「程」などは覚えておくと便利です。

謡本を読む 2

「藍染川」

さん候（ぞうろう）は「さようでございます」

さん候

これへ参りて候　（ワキ）いかに左近（サコ）の尉。身
を投げたると申すはいかやうなる者ぞ
（ワキツレ）さん候都より女性の人を尋ねて下
り候が。逢えぬを恨み身を投げたる由
申し候　（ワキ）言語道断。都より遥々と下り
たるよ。逢えぬは不得心（フトクシン）なる者にて
あるよな。あれなる幼（ヲサナ）き者はいかやうなる

『観世流改訂謡本』(個人蔵)

【読み】

これへ参りて候(さうらふ)　〽い可(か)尓(に)左近(サコ)の尉(じょう)。身を投げたると申春(す)ハ(は)、い可(か)やう奈(な)る者ぞ　〽さん候(ざうらふ)都より女性の人を尋ねて、下り候(さうらふ)可(が)。逢者(あ)(は)ぬを恨み身を投げたる由(よし)申候(さうらふ)。〽言語道断。都より遥ゝ(はるばる)下りたる尓(に)。逢者(は)ぬハ(は)不得心(フトクシン)奈(な)る者尓(に)て安(あ)るよ奈(な)。安(あ)れ奈(な)る幼(ヲサナ)き者ハ(は)い可(か)やう奈(な)る者尓(に)て安(あ)るぞ　〽安(あ)れハ(は)かの者の子尓(に)て候(さうらふ)　〽手尓(に)持ちたるハ(は)文(ふみ)尓(に)て安(あ)るか　〽さん候(ざうらふ)　文尓(に)て候(さうらふ)　〽そ[つ]と見たきよし申……

大正初期の仮名の姿

こちらは大正初期の「藍染川(あいそめがわ)」の謡本(観世流(かんぜ))です。夫が心変わりをしたと騙(だま)され、川に身を投げてしまう場面です。「さん候(ぞうろう)」は「さようでございます」という意味。前ページと書風が異なっているのが興味深いところです。ここまで読み進めると、「者(は)」「尓(に)」などにだいぶ慣れてきたのではないでしょうか。次ページからはより奔放(ほんぽう)にくずされた仮名の姿を見ていくことにしましょう。

仮名古筆を読む 1

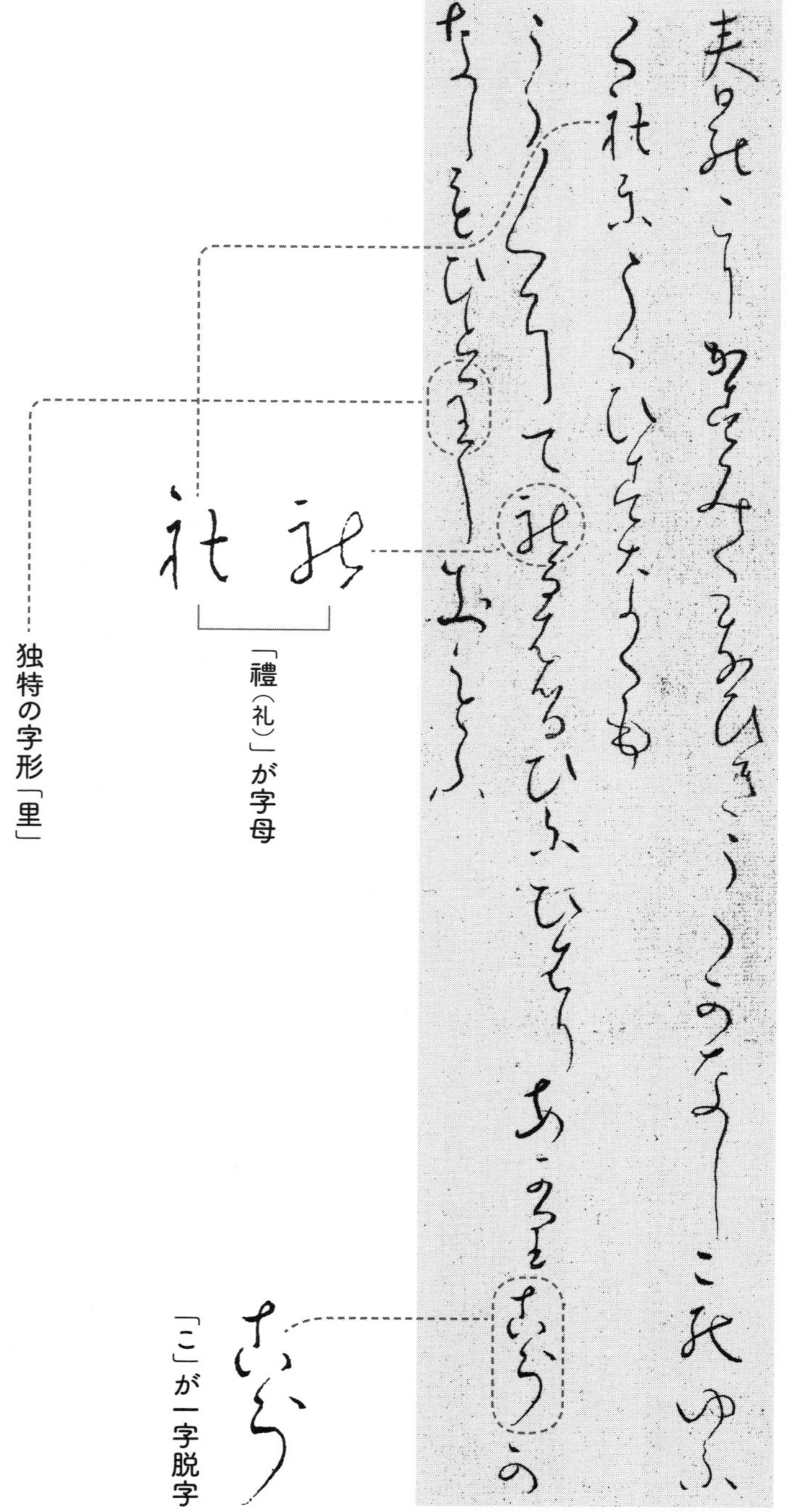

良寛『あきのの帖』（青簡舎刊）

【読み】

春能(の)ゝ耳(に)か春(す)み多(た)奈(な)ひきう良(ら)可(か)なしこ能(の)ゆふ
く禮(れ)尓(に)うくひ春(す)なく毛(も)
うらく耳(に)て禮(れ)る者(は)るひ尓(に)ひ者(は)りあ可(か)里(り)古(こ)(ゝ)ろ可(か)
なし毛(も)ひと里(り)しお毛(も)ふ

【現代表記】

春の野に霞たなびきうら悲しこの夕ぐれに鶯(うぐひす)鳴くも
うらうらに照れる春日(はるひ)にひばり上がり情(こころ)悲しもひとりし思ふ［へば］

良寛の仮名

「仮名古筆(かなこひつ)」とは、近代以前に仮名で書かれた筆跡全般を指しますが、狭義には和歌を書いた、主に平安時代の流れるような連綿と繊細な筆致での仮名書を指します。一方、ここで取り上げる江戸時代後期の良寛(りょうかん)（一七五八〜一八三一、歌と書をよくした越後生まれの僧）は、万葉仮名を複雑に書きくずした字形（草仮名(そうがな)とも呼ばれます）を使って、叙情味あふれる個性的な仮名書を残しています。

良寛は「往来物(おうらいもの)」などに見られる御家流全盛の時代に生きた人ですが、その書風は、御家流ともいわゆる平安古筆とも異なる独自の書風でした。良寛その人の息遣いが感じられるかのような連綿が作る呼吸が絶妙です。『万葉集』を愛好し、何回か書き写しています。三行目下部の「こころ」では、一文字が抜けてしまったことに気がついて「ゝ」を打っています。

仮名古筆を読む 2

【読み】

君可(か)多(た)免(め)
はるの、尓(に)
以(い)て、
わ可(か)那(な)
つむ王(わ)可(か)
衣手に
ゆ支(き)盤(は)
不(ふ)利(り)つ、
いま(ま)佐(さ)ら尓(に)
ゆき不(ふ)ら免(め)やも
可(か)支(き)ろひ能(の)
毛(も)ゆる者(は)るへと
奈(な)利(り)にしもの乎(を)

上句が下に書かれている

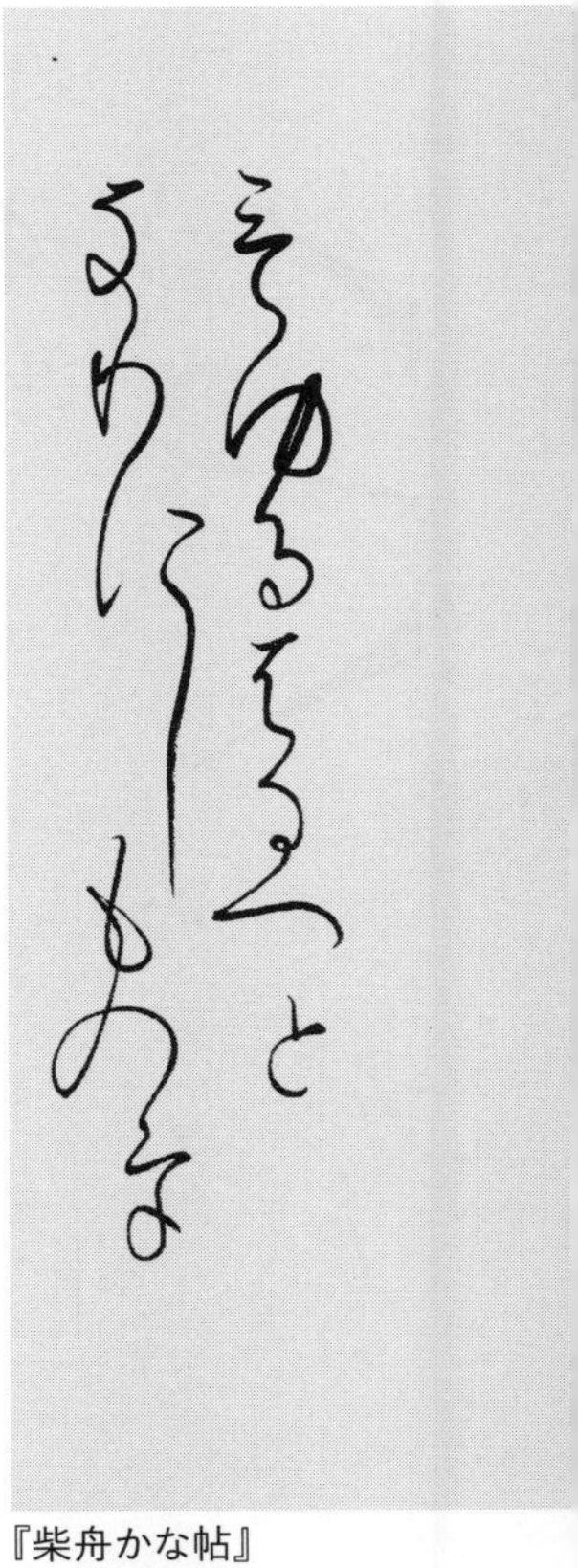

【現代表記】

君がため春の野に出でて若菜摘むわが衣手に雪は降りつつ

今さらに雪降らめやもかぎろひの燃ゆる春べとなりにしものを

【万葉仮名】

今更雪零目八方蜻火之燎留春部常成西物乎（いまさらにゆきふらめやもかぎろひのもゆるはるべとなりにしものを）

明治の書家による平安仮名

続いて読むのは、明治から大正にかけての書家による作品ですが、この時期の仮名作家は、平安時代の仮名書風をもっとも尊重すべき規範としたので、和歌における くずし字の典型的な姿として取り上げます。歴史的には、こうした平安朝の書風が変化して江戸時代になって「御家流」として一般化したということができるでしょう。「君」「衣」など漢字も混用されています。

これは書家・歌人として知られた尾上柴舟（おのえさいしゅう）によるものです。これも前半は『古今和歌集』の歌を書いています。流れるような仮名文字「散らし書き」で書かれています。くずしの呼吸と大胆な余白が書としての見どころです。文字の特徴としては、平明な字形をとることが多いのですが、字と連綿線の区切りは必ずしもはっきりしません。後半は『万葉集』の歌です。ここでは、ほぼ平仮名化した簡略な字形で書かれています。万葉仮名で書かれたものの表記を挙げておきます。

『柴舟かな帖』
（国立国会図書館デジタルコレクション）

仮名古筆を読む 3

読み

さや可(か)那(な)る月能(の)夜風者(は)まさ故(こ)遅(ち)耳(に)
す三(み)ふの多(た)氣(け)を
み多(た)れ
可(か)き
春(す)る
平胤明　畫も(印・有明子)

現代表記

さやかなる月の夜風は真砂地に
墨絵の竹を乱れ書きする

「可」のくずし

全体図
「千葉胤明色紙」(個人蔵)

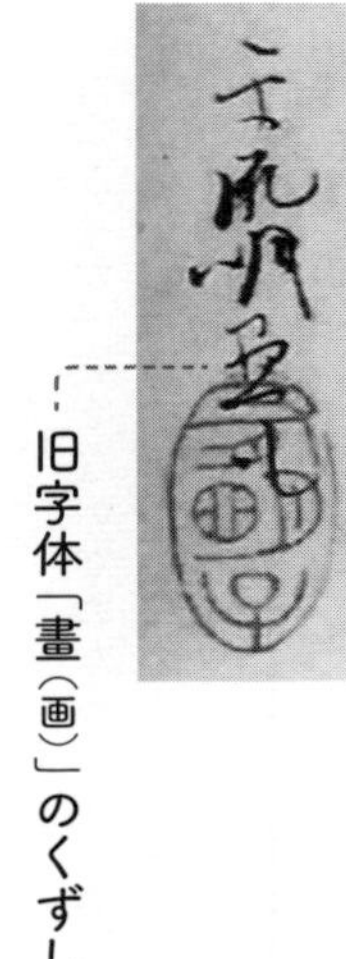

旧字体「畫（画）」のくずし

「氣（気）」のくずし

「遅」のくずし

書道字典も参考に

明治期に宮中に設けられた御歌所（おうたどころ）の寄人（よりうど）を務めた千葉胤明（ちばたねあき）（一八六四〜一九五三）による色紙です。千葉は『古今和歌集』の歌風を尊重するいわゆる「旧派」（桂園派（けいえんは））の歌人でした。書風も「高野切（こうやぎれ）」などの平安朝の古筆に準じています。竹の絵を配して、「月夜に風が砂浜に竹の絵を描いているように見える」という歌意だと思われます。いわゆる「古文書」のくずしとは異なっていて、連綿による線の流れと呼吸が強調されています。「遅」はシンニュウが小さく書かれているので見当がつけにくいですね。「氣」なども一画目の下が大きく空けられるなど、こうした例はくずし字字典では探しにくいかもしれません。こうした場合、むしろ書の手本を文字ごとに配列した書道字典にあたると判明することもあります。

コラム

古文書を読むポイント

古文書を読むことの難しさには、大きく言っていくつかの要素があります。

まず、26ページで述べた〈昔の文字〉（行草体に書きくずされた漢字・変体仮名）が読めない、馴染（なじ）みがないということ。これは、現在の日本語の書き方のスタイルが昔とは異なっていることに由来します。本書では江戸時代後期から、昭和初期までの書物などを取り上げましたが、このような〈昔の文字〉のほうが、日本語の書き方は豊かだったとも言えるかもしれません。

その上、意味に対応した改行や句読点がほぼないこと、濁点や半濁点もあったりなかったりすること、書き手によってもくずし方が大きく異なること、文字の大きさが揃えられていないことなどが挙げられるでしょう。誤字や当て字も多くあります。また、漢字のくずしでも旧字や異体字がくずされている場合も多く、いっそう読みにくくなります。漢字が草書で書かれていれば、漢字なのか仮名なのかさえ区別がつきにくいということもしばしばです。時にはどこからが一文字なのかわからなくなる続け字（連綿）も頻出します。28ページに示したように合字になっているものもあります。

そこで、まずは、左記の十四個の変体仮名を覚えてみることから始めてみましょう。これだけで読める文字は随分と増えるはずです。

尓（に）　登（と）　里（り）　越（を）　連（れ）

者（は）　王（わ）　可（か）　多（た）　奈（な）

介（け）　安（あ）　志（し）　春（す）

さらにそれらの文字を手がかりに、文章を切り分けてみることです。たとえば、「奈里（なり）」「介里（けり）」があれば、そこで文章がいったん切れていることが推測できます。和歌や俳句であれば、音数も手がかりとなります。古文書の候文の場合、「候」「也」などは非常に頻繁に使われましたから、極端に略されて点一つのように書かれてしまうことがしばしばですが、文章の大きな目印になります。「候」は文末に使われることが多いばかりでなく、「存」「奉」「仕」「間」といった言葉とともに使われることが多いので、見当をつける手がかりになります。ついでに漢字「御」「此」「正」も覚えておくと重宝します（167ページの小字典を参考にしてください）。

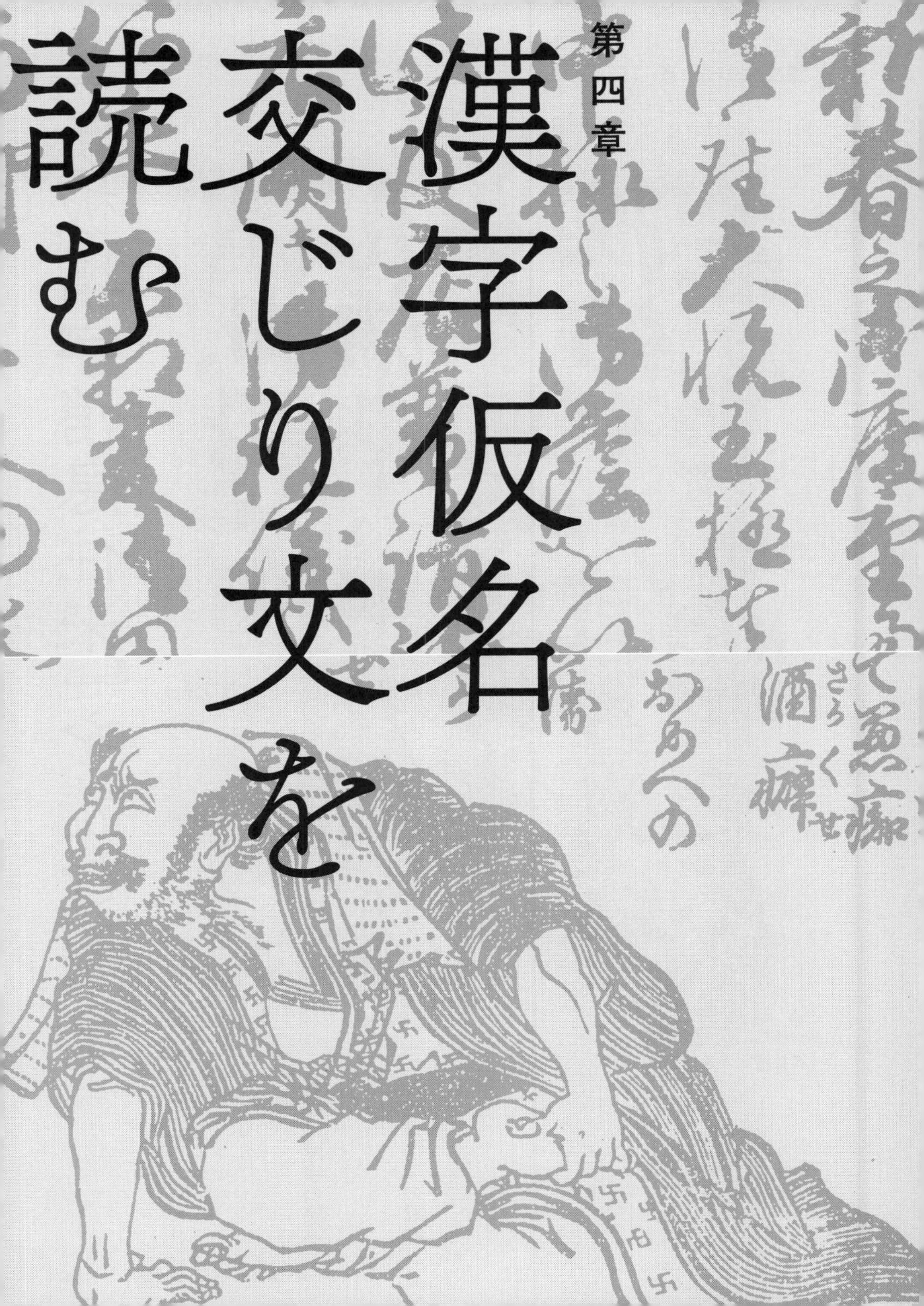

第四章

漢字仮名交じり文を読む

『新板増字消息往来』を読む

漢文式の返り点

右には漢字の読み

左には漢字の意味

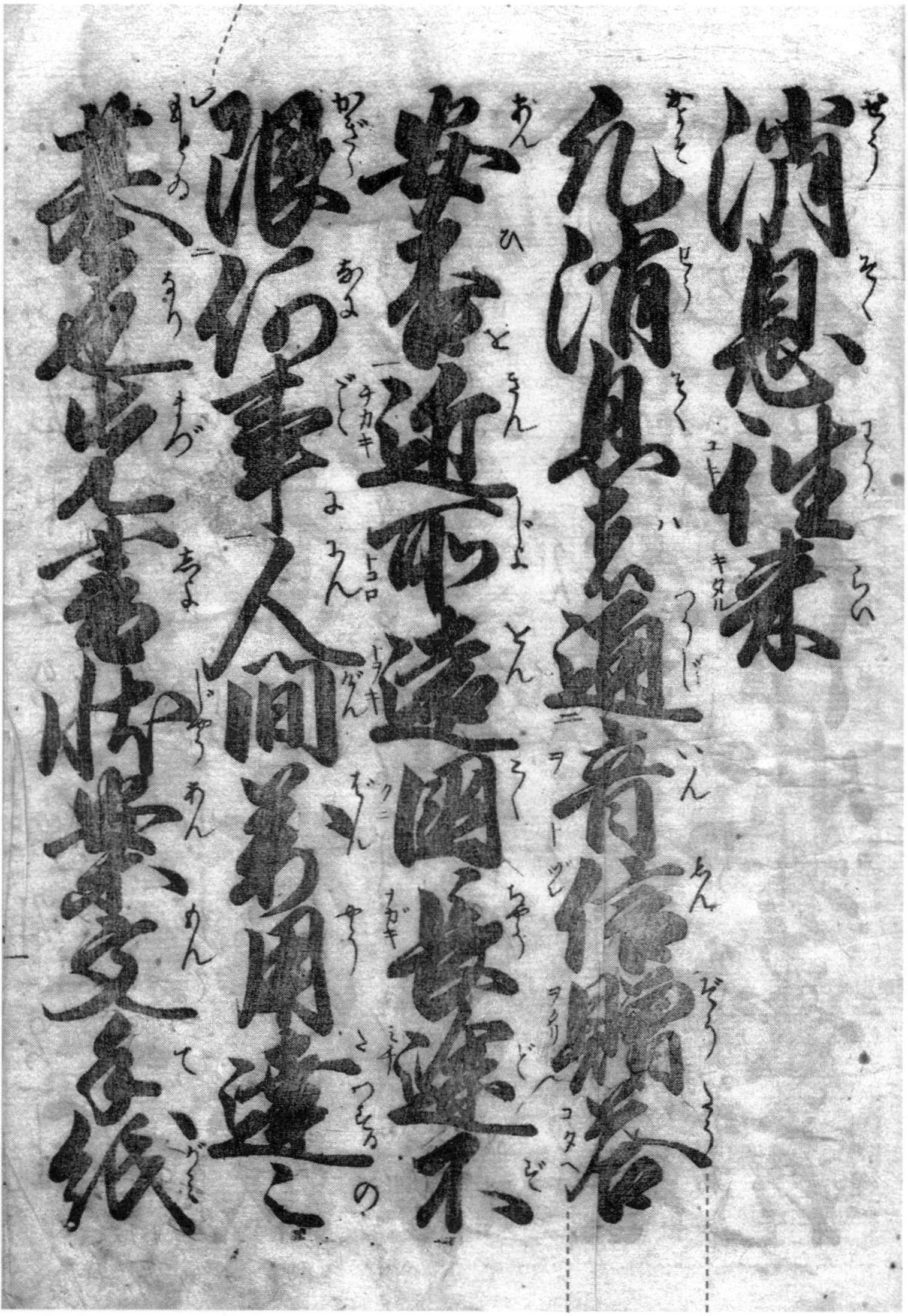

『新板増字消息往来』(個人蔵)

【読み】

右ルビ　せうそく　王(わ)うらい
漢字　消息往来
左ルビ　ユキ　キタル

右ルビ　於(お)よそ　せうそく　八(は)　つうじ　いん志(し)ん　ぞう　多(た)う
漢字　凡(異体字)　消息者通二音信、贈答
左ルビ　ヲトヅレ　ヲクリコタヘ

右ルビ　あんひ　を　きん　じよ　をん　こく　ち也(や)うど　春(ず)
漢字　安否一、近所、遠國、長途不
左ルビ　チカキ　トコロ　トヲキ　クニ　ナガキ　ミチ

右ルビ　かぎら　奈(な)尓(に)ごと　尓(に)　尓(に)ん介(げ)ん　者(ば)ん也(や)う　多(た)つ春(す)る　の
漢字　限レ二何事一人間萬用達之
左ルビ

右ルビ　もとゐ　奈(な)り　まづ志(し)よじ也(や)う、安(あ)ん毛(も)ん、て　可(が)三(み)
漢字　基也。　先書状、案文、手紙……
左ルビ

扉ページ

【読み下し】

およそ消息は、音信・贈答・安否を通じ、近所・遠国・長途、何事に限らず、人間万用達するの基なり。まず書状、案文、手紙……

【大意】

そもそも手紙は、（人への）便り・贈り物のやり取り・近況報告などを近所や遠い国、長い道のりにかかわらずできるようになるだけではなく、どんなことでも人間の生活全般に役に立つ基盤となるものです。まず書状、案文、手紙など……

習字・手紙の書き方

「消息往来」とは、江戸時代から明治初期にかけて広く大量に出版された、手紙の書き方の範例集です。さまざまなバリエーションが刊行されましたが、この本は「増字」と銘打っているので、文字の収録数を増やして新しく刊行されたものです。こうした「往来物」は、習字の練習帳も兼ねていました。たとえば商店に奉公に入った小僧は、このような教科書を使って、習字の練習をしながら、言葉とその使い方、一般教養を学び、一通りの手紙を読み書きできるようになったのです。書風は典型的な「御家流」で書かれています。

見た目には漢字が並んでいるだけにしか見えませんが、疑似漢文と呼ばれ、純粋な漢文ではありません。中央の漢文には、左右にルビが仮名で振ってあります。右ルビはこの文章での漢字の読みが平仮名で示されています。漢字の右下にはところどころ「に」など助詞が補われています。左には国語辞典的な意味が片仮名で振られるほか、返り点が施されています。

『新板増字消息往来』を読む 2

『新板増字消息往来』
（個人蔵）

「啓」「御」の字形のいろいろ

啓

Ⓐ Ⓑ Ⓒ

御

Ⓓ Ⓔ Ⓕ

【読み】

右ルビ　とり安(あ)つ可(か)ふ　毛(も)んじ　いつひつ　いつ可(か)ん　いつしよ
漢字　取扱　文字　一筆、一翰、一書
左ルビ　フデ　フダ　フミ

右ルビ　けい　じ也(や)う　介(け)い多(だ)つ　せしめ　けい　もつて　て可(が)三(み)を
漢字　啓上、啓達　令レ啓　以二手紙一
左ルビ　ヒラキ　アゲ

右ルビ　ふ　きよゐ　毛(も)うしいれ　そん　しよ　そん可(か)ん
漢字　得二御意一　申入、尊書、尊翰
左ルビ　タツトキ　フミ　フダ

右ルビ　そんさつ　き　可(か)ん　きしよ　き本(ぼ)く
漢字　尊札、貴翰、貴書、貴墨
左ルビ　タツトキ　スミ

右ルビ　きさつ　ごさつ　ごじ也(や)う　本(ほ)う本(ぼ)く　本(ほ)うさつ
漢字　貴札、御札、御状、芳墨、芳札……
左ルビ　ヨシ

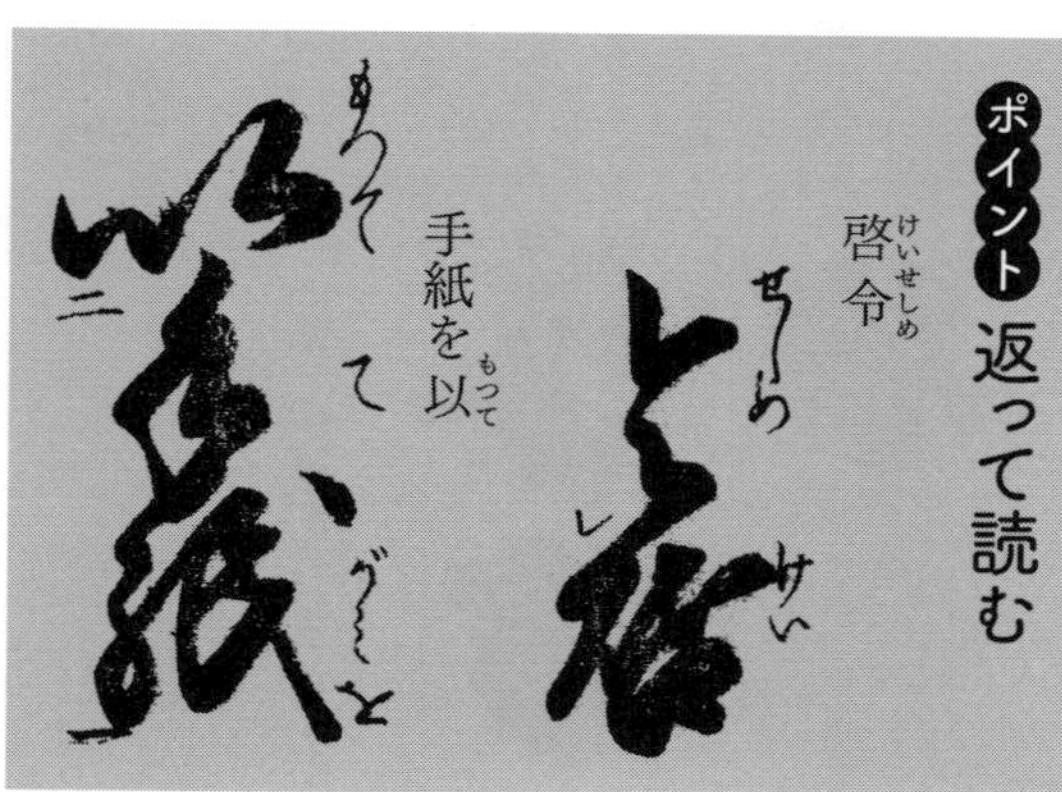

【読み下し】

……〔にて〕取り扱う文字〔に〕一筆、一翰、一書、啓上、啓達、啓せしめ、手紙を以て、御意〔を〕得申し入れ、尊書、尊翰、尊札、貴翰、貴書、貴墨、貴札、御札、御状、芳墨、芳札……

【大意】

……で使う文字・言葉に一筆、一翰、一書、啓上、啓達、申し上げ、お手紙によって、お考えを受けて申し上げます、尊書、尊翰、尊札、貴翰、貴書、貴墨、貴札、御札、御状、芳墨、芳札（などがあり）……

字形のいろいろ

書簡で使われるきまり文句や語句、ここでは書簡冒頭の挨拶言葉、書簡を意味する丁寧語を列記しています。「令」がやや読みにくいでしょうか。「今」なども同じようなくずし方がされます。同じ文字が繰り返し使われますが、みな少しずつ字形が異なっています。「啓」の上部や「御」などは大きく字形が変わりますので注意してください。

前項にも出てきましたが、漢字の左下には「レ」「一」「二」などの漢文で使われる返り点が小さく振ってあります。漢文訓読式に前の字に返って読みます。「令啓」はレ点によって返って「啓せしめ」と読みます。一二点も順番に返って読みます。

『新板増字消息往来』を読む 3

『新板増字消息往来』（個人蔵）

文字が重なりながらつながっている「拝閲」

旧字体「餘（余）」のくずし

【読み】

右ルビ　本(ほ)う可(か)ん　ごしめん　ごぜんし　ごしじ也(や)う
漢字　芳　簡、　御紙面、　御剪　紙、御紙上
左ルビ　フダ　トリカミ

右ルビ　ごしひ也(や)う　者(は)いけん　者(は)いじ由(ゆ)　者(は)いふつ
漢字　御紙表、　拝　見、　拝　誦、　拝　閲
左ルビ　ヲガミ　ミル　ケミス

右ルビ　ひ　介(け)ん　ひふつ　い多(た)し　つ可(か)まつり　せしめ　さふらう　さて　ま多(た)
漢字　披　見、　披閲、　致　仕　令　候。　偖　又
左ルビ　ヒラキミル

右ルビ　じこう　ハ(は)　し也(や)うぐ王(わ)つ　せい也(や)う　志(し)由(ゆ)ん可(か)ん
漢字　時候　者、　正　月、　青　陽、　春　寒
左ルビ　ハル　サムシ

右ルビ　よ　可(か)ん　いま多(だ)かんき　が多(た)く　さり
漢字　餘　寒　未　寒　氣　難レ　去　二月　……
左ルビ　アマルサムサ

【読み下し】

……芳簡、御紙面、御剪紙、御紙上、御紙表、拝見、拝誦、拝閲、披見、披閲致し仕(つか)まつりせしめ候。さてまた時候は、正月、青陽、春寒、余寒、未だ寒気去り難く、二月……

【大意】

……芳簡、御紙面、御剪紙、御紙上、御紙表(など)、拝見、拝誦、拝閲、披見、披閲致し仕まつりせしめ候(などの言葉があります)。さてまた時候(の挨拶には)は、正月、青陽(初春のこと)、春寒、余寒、寒気がまだ去らず、二月……

字形のいろいろ

書簡で使われるきまり文句が列挙され、お手紙を拝見しましたといった表現から、時候の挨拶が続きます。ここでも「御」が何回か登場します。また、「候(そうろう)」が出てきました。この文字は紙面の都合で小さく書かれることが多く、しかも極端にくずされることが多いので、注意が必要です。

「拝」も数回登場しますが、とくに二行目「拝閲」の箇所は、「拝」の左下に下ろす画が、「閲」のモンガマエと重なりながらつながっています。次の行の「披閲」も似た字形です。「拝誦」では、「拝」の最後に打つ点から次へ連綿しています。最終行一字目は旧字体「餘」のくずしです。

英会話の往来物

往来物はさまざまな分野で出版されましたが、ここで少し変わった往来物をご紹介します。これは、明治五年に出版された『英語往来』というものです。ご覧の通り単語を並べただけのものですが、子供でも繰り返し暗唱すれば、簡単なことなら外国人と意志を通じることができる、と書かれています。「𪜈」は「トナリ」と読みます。「ト」と「也」のくずし字の合字です。合字には「ゟ」（より）、「こと」などもあります（28ページ参照）。

Summer ソムマル　Autumn アーツム　Winter ウインタル　Nine ナイヌ　Ten テン　Spring スプリン

Day デー　Hour アオル　Minute ミニュート　Four seasons ホールシーソンズ　Month モヌス　Year エヤル

『英語往来：童蒙暗誦』（国立国会図書館デジタルコレクション）

【読み】

……は八つ。九盤(は)ナイヌ。テンとハ(は)十の事をいふ。之を数字と唱ふる奈(な)り。スプリンとハ(は)春の事。夏盤(は)ソムマル。秋アーツム。ウインタル登(と)ハ(は)。冬越(を)いひ此総名を四季登(と)いふ。モヌス月。エヤル盤(は)年𪜈(トナリ)。日ハ(は)デー楚(ぞ)。アオル盤(は)時天(で)。ミニュート盤(は)分。古(こ)連(れ)ハ(は)一時を六十尓(に)割た留(る)毛(も)能(の)、一つ奈(な)り。又一分……

『女今川宝花文庫』を読む 1

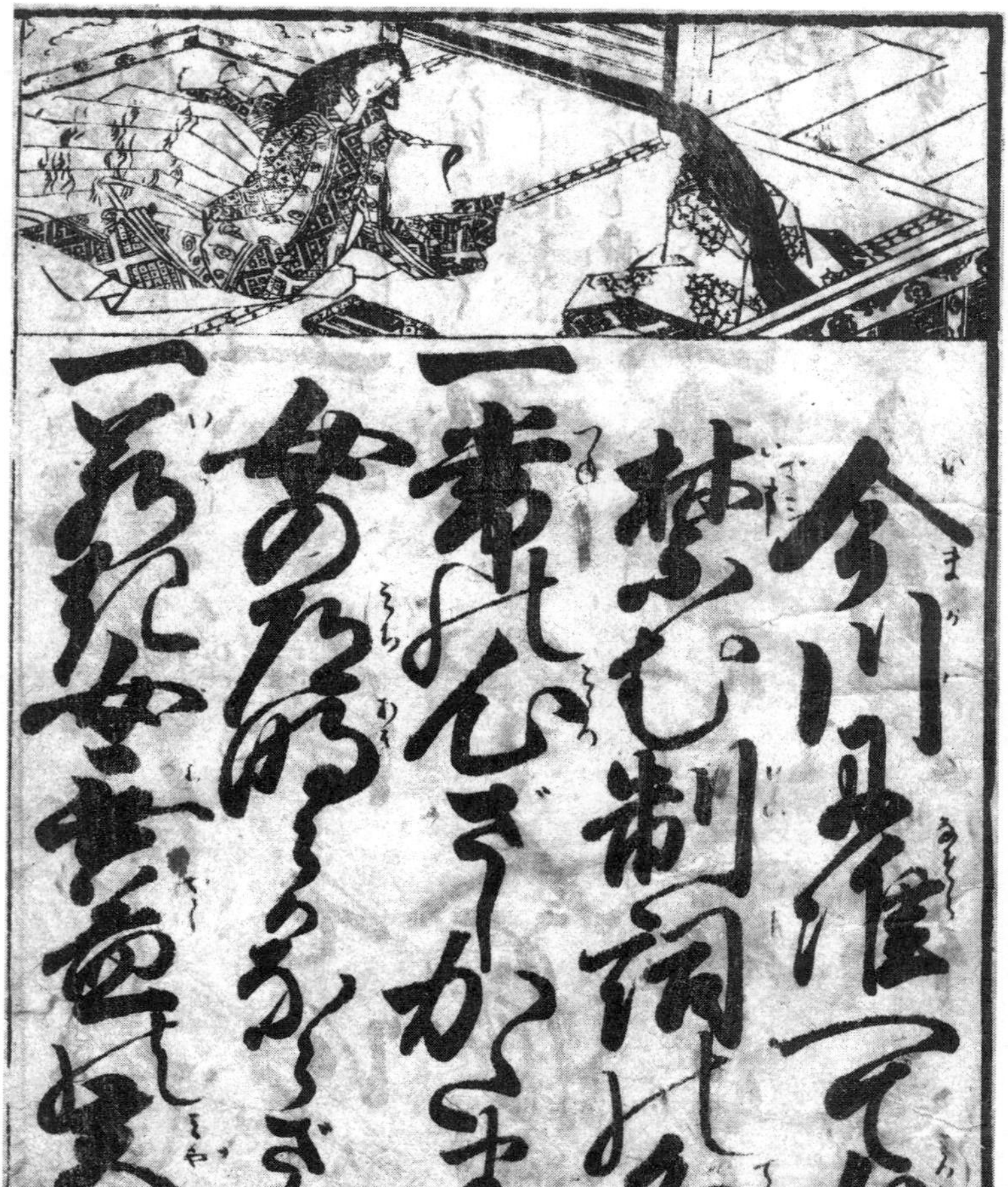

『女今川宝花文庫』
（個人蔵）

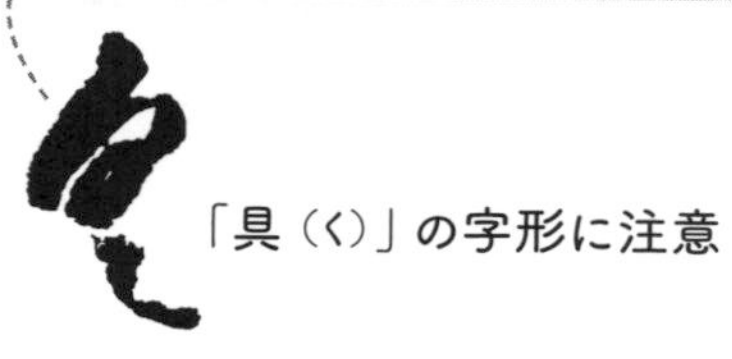

「具（く）」の字形に注意

振り仮名が振ってあれば基本的に漢字

読み

一　今川(いま可(が)ハ(は))丹(に)准(奈(な)そら)へて自(三(み)つ可(か)ら)越(を)
一　禁(い万(ま)シ)む制詞(せいし)能(の)条々(てうく)。
常(つ年(ね))能(の)心(こゝろ)ざしか多(た)末(ま)し具(く)(奸)
女の道(三(み)ち)明(安(あ)き)ら可(か)奈(な)らざる事
一　若(和(わ)可(か))起(き)女無益(むやく)能(の)宮寺(三(み)也(や)てら)へ……

女性に道徳を説く

『女今川宝花文庫（おんないまがわほうかぶんこ）』とは、江戸時代から明治時代までさかんに出版された往来物『女今川』の一種で、さまざまな題名の百五十種類以上の類書があるとされます。基本的には両親・男性・夫を尊敬し、他人に対する悪口を戒め、身を慎むことの重要さを記しています。本文の作者や成立年代は不明です。挿し絵が入ったり、『源氏物語』のあらすじや生活上の細かな知識を併記するなど、さまざまなバリエーションがありました。題名の「今川」は南北朝時代の武将として知られる今川了俊（りょうしゅん）のこと。彼が子弟に残した家訓書で、「今川帖（じょう）」として広く普及し、近世以降の児童教育、また女性向けにアレンジされた（「今川になぞらえて」）『女今川』は女子教育に大きな影響を与えました。

またこれらは習字の手本としても広く使われました。文字を習いながら、女性が守るべきこととされた項目（ここに掲げたのはその一部）の社会道徳も身につけたのです。「かだましく（奸しく）」は、「心がねじけている」という意味。

『女今川宝花文庫』表紙

『女今川宝花文庫』を読む 2

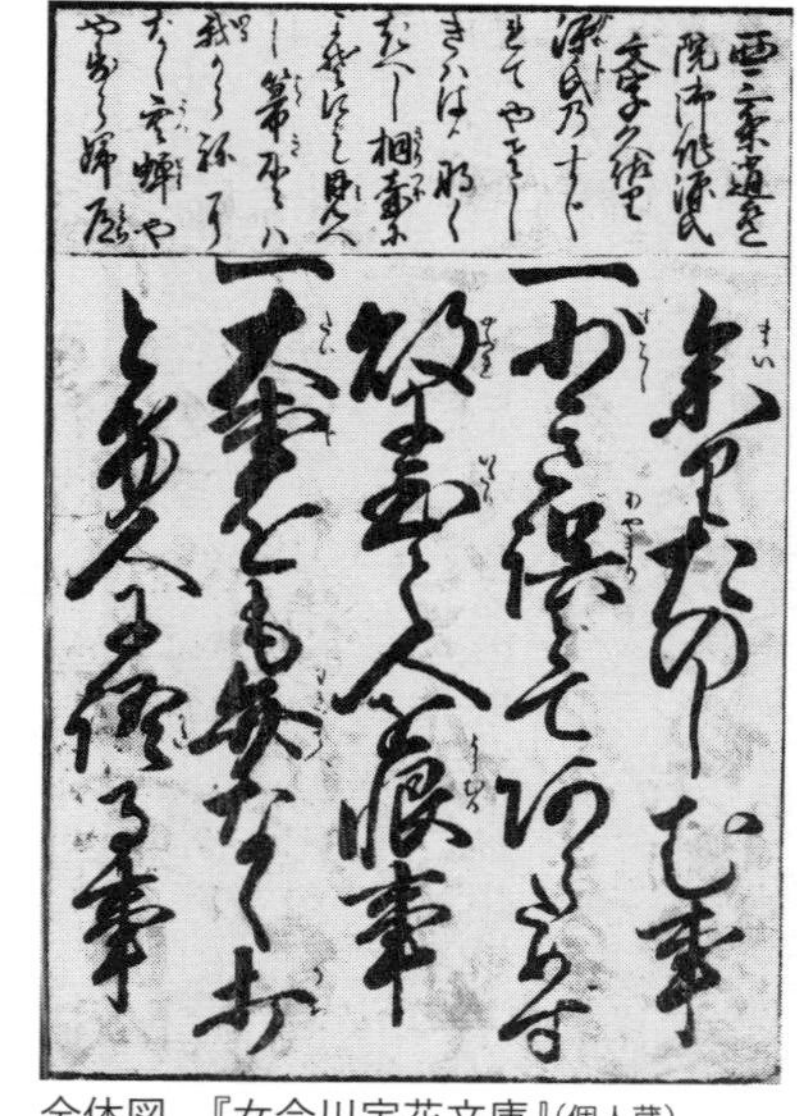

全体図　『女今川宝花文庫』(個人蔵)

読み 下段

……参里(り)(まい)たのしむ事

一　少き(すこし)　誤(安(あ)やまり)　とて阿(あ)ら多(た)めず

破(也(や)ぶ連(れ))　尓(に)　至(い多(た)り)　弖(て)人を　恨(うらむる)事

一　大事(多(た)いじ)をも　弁(王(わ)き万(ま)へ)　なく打(うち)

と希(け)(解)人尓(に)　語(可(か)多(た))　る事

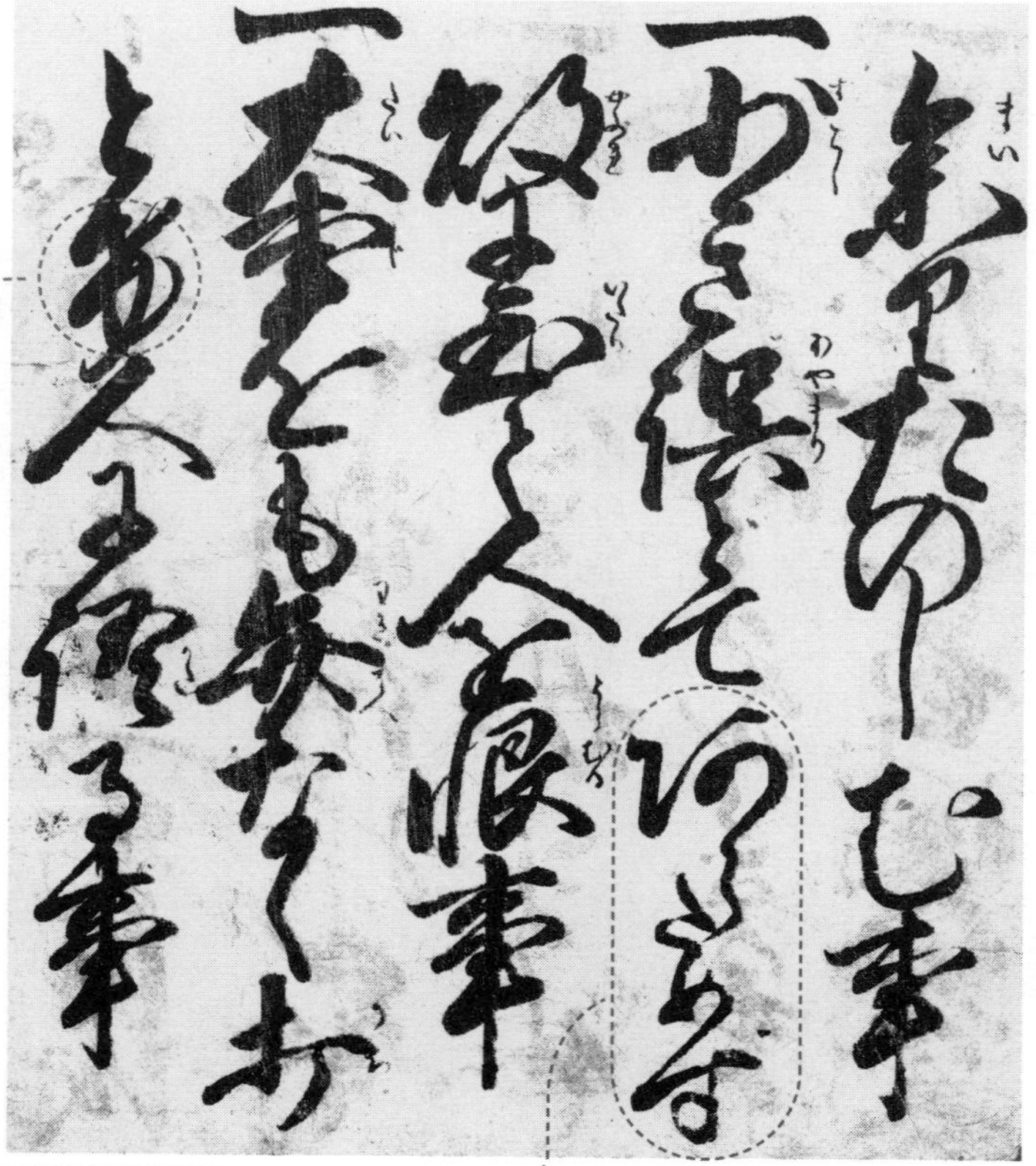

「希」のくずし

仮名交じりの往来物

文字はたっぷりと太い、「御家流」で書かれており、漢字と仮名とが書き分けられていないので、最初は戸惑いますが、「女」「人」など以外の漢字として書かれている文字には振り仮名が振ってあるので、比較的読みやすいでしょう。文字と文字の間をかなり詰めて書かれているので、一文字の姿を見失わないようにしてください。「希(け)」のくずしは、上部の「戈」のようにくずされた部分と「巾」に分けて考えると筆脈が見えてきます。

上段の「西三条逍遙院（にしさんじょうしょうよういん）」は、室町時代後期の公家（くげ）・三条西実隆（さんじょうにしさねたか）のこと。「源氏文字鎖（もじくさり）」とは、実隆作とされる「桐壺（きりつぼ）」「箒木（ははきぎ）」などの『源氏物語』の巻名を冒頭の「やさしきは・はかなく……」のように、しりとりで覚えられるようになっている韻文ですが、しばしば誤記があるようです。

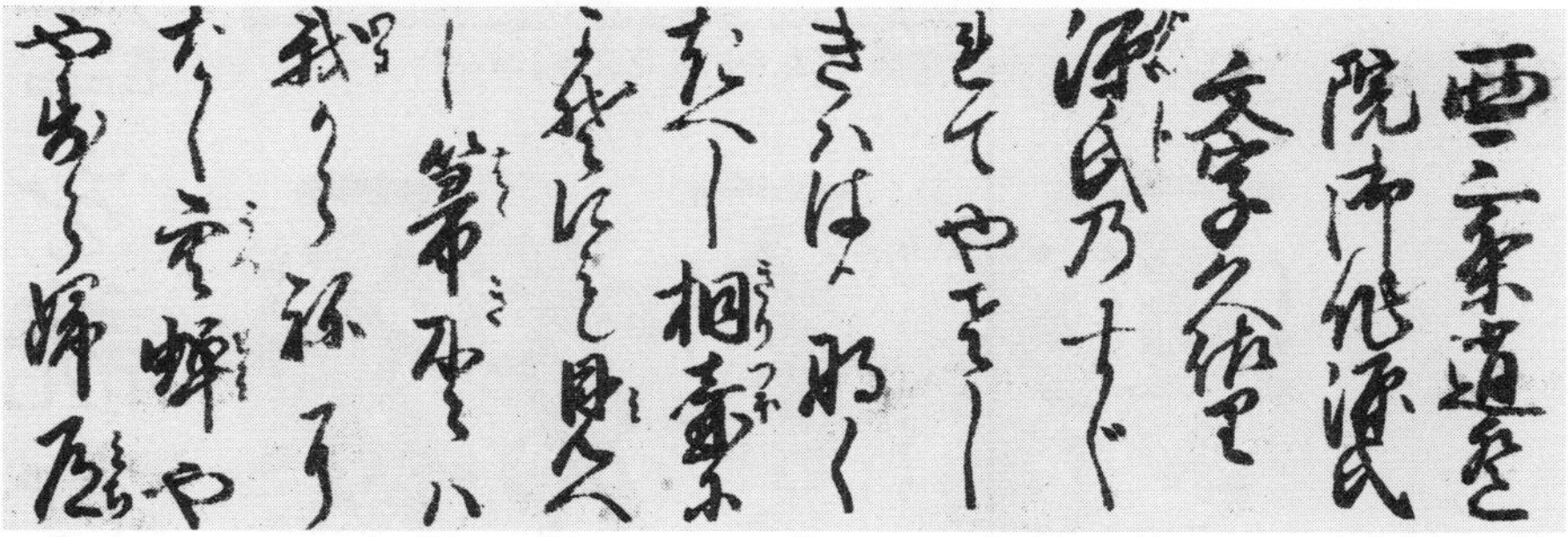

【読み】上段

西三条逍遙（にしさんでうせうえう）
院御作源氏（ゐんぎよさくげんじ）
文字（もじ）久(く)佐(さ)里(り)（鎖）
源氏（介(げ)んじ）乃(の)すぐ
連(れ)てや左(さ)し
きハ(は)、は可(か)那(な)く
起(き)へし桐壺（きりつ本(ぼ)）尓(に)、
与(よ)楚(そ)に毛(も)見（三(み)）へ
し箒木（者(は)、き）ゝハ(は)、
我（和(わ)連(れ)）可(か)ら祢(ね)耳(に)
なく空蝉（うつせ三(み)）や、
や寿(す)ら婦(ふ)道（三(み)ち）……

字間が詰まった「阿ら多めず」

『女今川宝花文庫』を読む ③

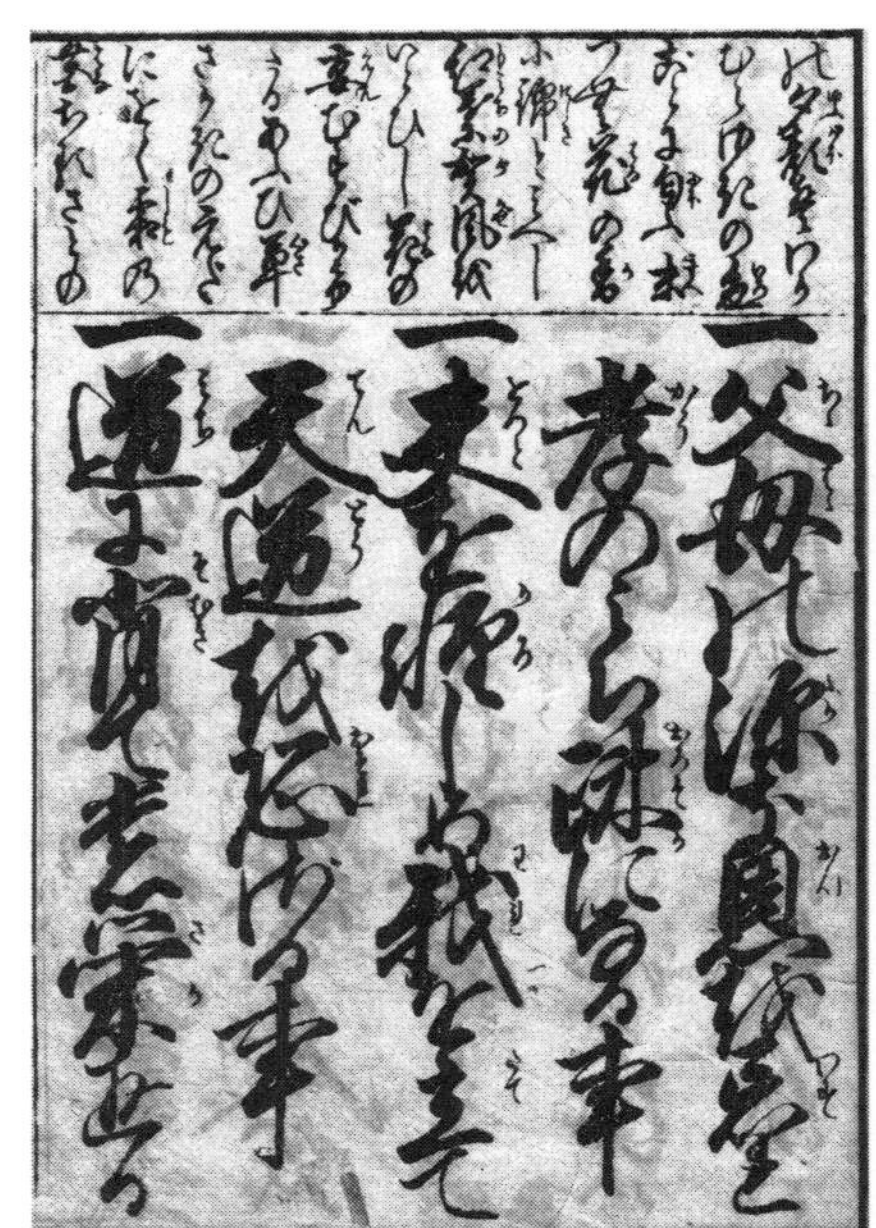
全体図　『女今川宝花文庫』（個人蔵）

【読み】下段

一　父（知(ち)、者(は)、）母 能(の) 深（ふ可(か)）支(き) 恩（おん）越(を) 忘（和(わ)春(す)）連(れ)

一　孝（かう）の三(み)知(ち) 疎（おろそ可(か)）に奈(な)る事

一　夫（をつと）を軽（可(か)ろ）しめ 我（王(わ)連(れ)）を立（多(た)）て

一　天道（てんとう）越(を) 恐（おそ連(れ)）佐(ざ)る事

一　道（三(み)ち）尓(に)背（そむき）て裳(も) 栄（さ可(か)）遊(ゆ)る……

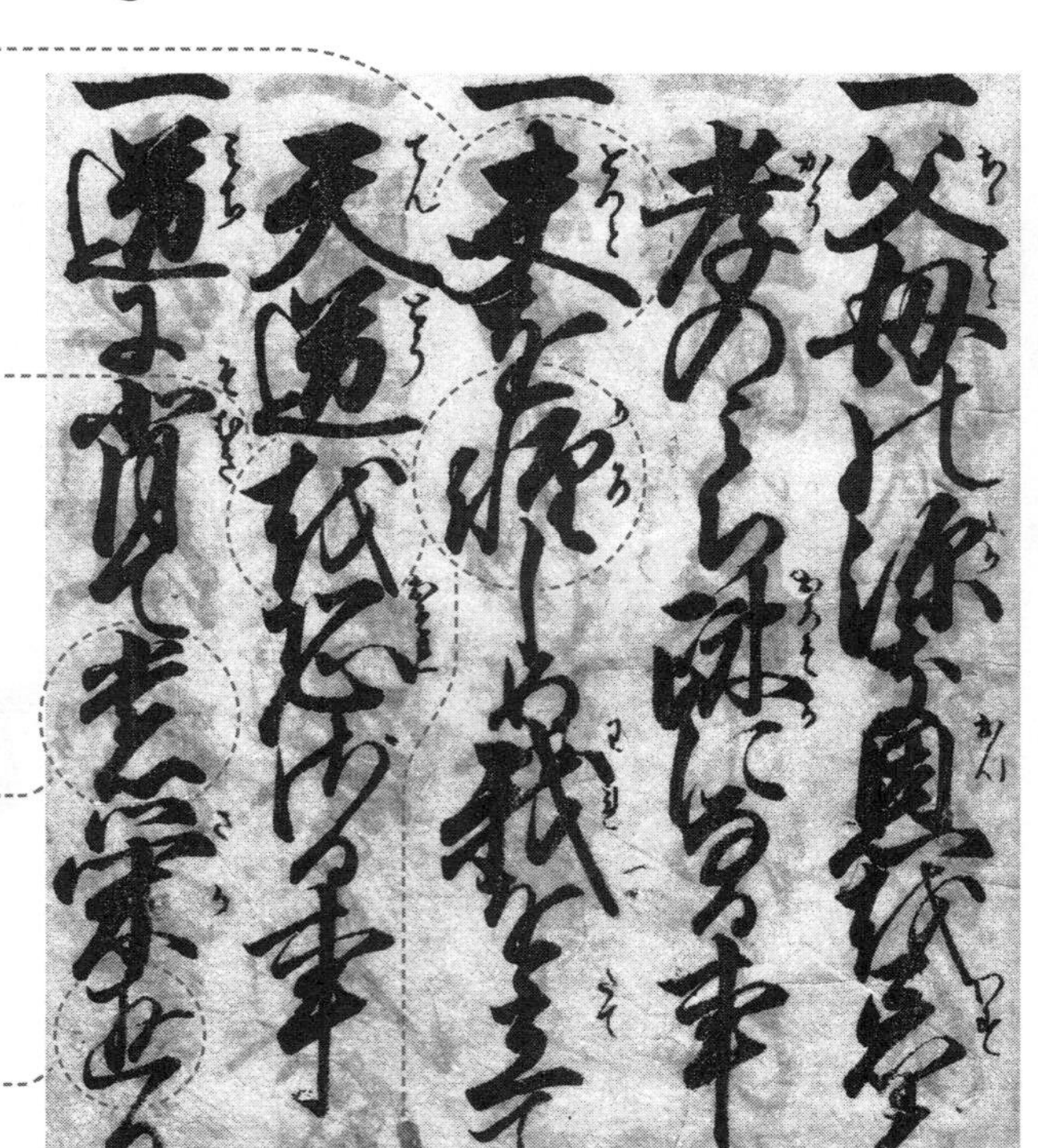

裳(も)

遊(ゆ)

筆脈をたどりながら読む

下段の内容は、現在の価値観からすれば、時代錯誤にも思えますが、当時はこれが広く信じられた道徳でした。

「軽」のクルマヘンが見慣れないでしょうか。一画目（縦画）は「を」からの連綿になっています。基本的に行書・草書は、右上から左下へ動く流れを持っていますから、その流れを意識して自分で筆の動きをたどってみることが、文字の読解につながります。

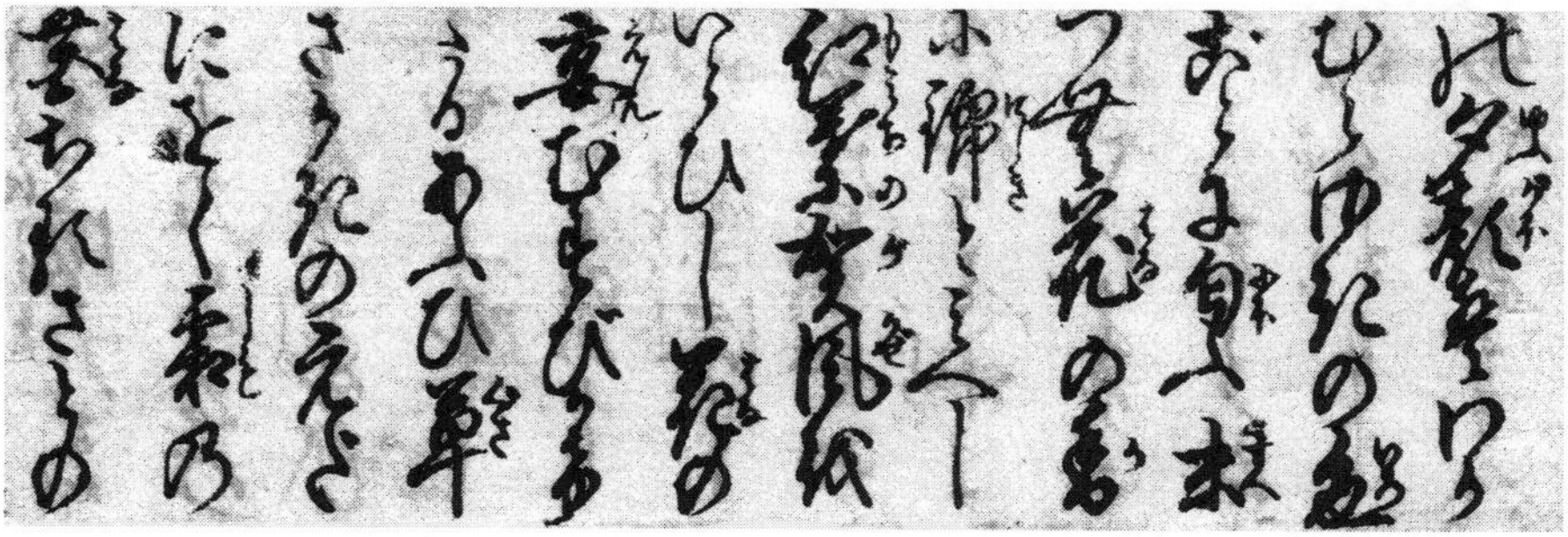

「夫」の筆脈

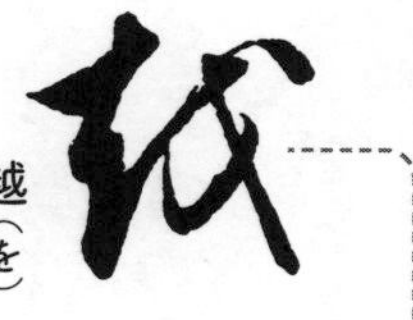

越（を）

クルマヘン

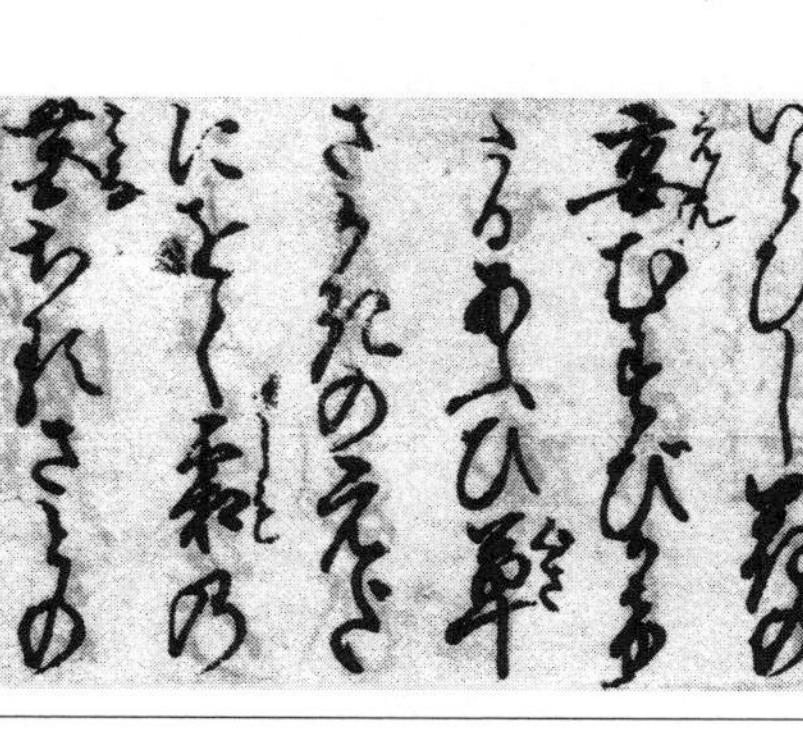

【読み】 上段

……能（の）夕顔盤（は）、和（わ）可（か）
むら佐（さ）起（き）の色
古（ご）と尓（に）、匂ふ末
つ無（む）花の香
尓（に）、錦と三（み）へし
紅葉賀、風越（を）
いとひし花の
宴、む春（す）び可（か）希（け）
多（た）る安（あ）ふひ草、
さ可（か）起（き）のえ多（だ）
にをく霜乃（の）、
花ち類（る）さとの……

『謔字尽』を読む ①

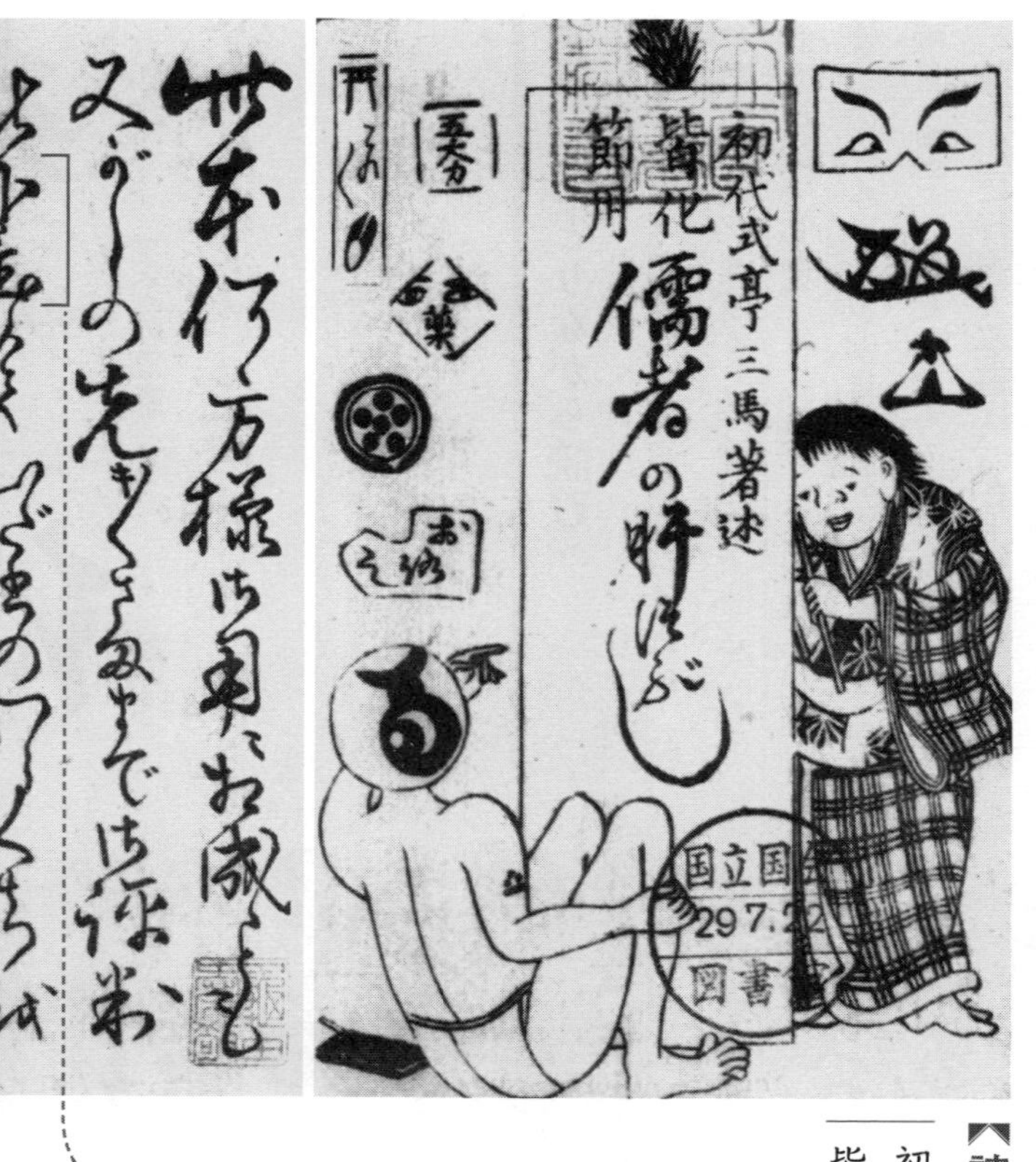

【読み】

初代式亭三馬著述

皆化節用　儒者の肝徒(つ)ぶし

「下置」

『譃字尽』
（国立国会図書館
デジタルコレクション）

合字化した「以上」

【読み】

此本何方様御用ニ(に)相成候とも
ヌ可(が)しの先キくさ満(ま)末(ま)で御評判
被下置候(くだされおきさうらふ)弖(て)、む多(だ)書の和(わ)るくち越(を)
御由(ゆ)るし被下(くだされ)、紙久(く)春(ず)可(か)古(ご)へ御入レ
なさ礼(れ)亭(て)御用捨奉願上(ねがひあげたてまつり)候。以上。
此ぬしさん者(ば)

江戸っ子のユーモア

『譃字尽』は、文化三年刊行の式亭三馬による『小野篁譃字尽』という滑稽本を仕立て直したもので、明治十六年に刊行されています。もともと漢字と和歌を学びながらお習字の練習をするための一種の識字教科書『小野篁歌字尽』があり、広く長く読まれ、版を重ねました。『小野篁譃字尽』は、そのパロディー本で、元本を洒落のめして、存在しない漢字（譃字）を並べた部分が中心です。

このほかにもさまざまな草子の形式をもじった記事が詰め込まれています。明治刊の『譃字尽』から、ごく一部を読んでみましょう。

右の内題（書物の扉などに書かれる題）にある「儒者の肝つぶし」も真面目な漢字の知識を笑ったもの。左の序文には、「役に立たない無駄な本だが、笑って許してください。読んだあとは紙屑籠に入れてください」などとと書いてあります。くずしとしては、「置」が難しいですね。「下」から続く点を重ねた部分が上部の「四」に当たります。

『譃字尽』を読む 2

尓　丹

「尓」「丹」の使い分け

「可（か）希（け）可（が）祢（ね）」

『譃字尽』（国立国会図書館デジタルコレクション）

《読み》

文字ハ(は)陰陽越(を)生じて万象を安(あ)らハ(は)春(す)人間日用の急務奈(な)り。小野篁歌字尽、誰人の偽作奈(な)るや志(し)ら春(ず)、趣向盤(は)面白希(け)連(れ)ど毛(も)巳已己巳樂樂樂のごと起(き)誤説春(す)く奈(な)可(か)ら須(ず)。却弖(て)童蒙能(の)為尓(に)毒越(を)奈(な)可(が)春(す)。今著春(す)譃字尽ハ(は)加(か)ん者(ば)ん尓(に)い川(つ)ハ(は)り能(の)文字を輯め多(た)れハ(ば)、毒丹(に)毛(も)薬丹(に)も奈(な)ら春(ず)。覚弖(て)用丹(に)多(た)ゝ須(ず)、忘弖(て)古(こ)まる事奈(な)し。唯子越(を)志(し)可(か)る薬鑵爺可(が)志(し)ぶ徒(つ)ら越(を)和らげ、嫁いぢる猫ま多(た)婆可(が)頤越(を)解き、多(だ)んまり坊苦虫を食潰し笑弖(て)、三百損をし多(た)る輩をし弖(て)安(あ)古(ご)の可(か)希(け)可(が)祢(ね)者(は)川(づ)さしめんと欲春(す)る而已。

『小野篁歌字尽』を洒落のめす

『小野篁歌字尽』が誤りも多いのに比べて、この本は嘘の文字を集めて毒にも薬にもならず、不機嫌な人もあごを外すほど笑ってくださることを狙っているだけです――と洒落のめしています。小野篁も篁のもじりです。「巳已己巳樂樂樂」は、『小野篁歌字尽』が紛らわしい文字を解説した部分に触れています(本来は「已己巳己」が正しい)。漢字も楷書的な字形で、複雑なくずしは多くありませんが、文字が細かいことと、振り仮名にも変体仮名が多用されているので、やや読みにくいかもしれません。ここでも「尓」「丹」などが使い分けられています。

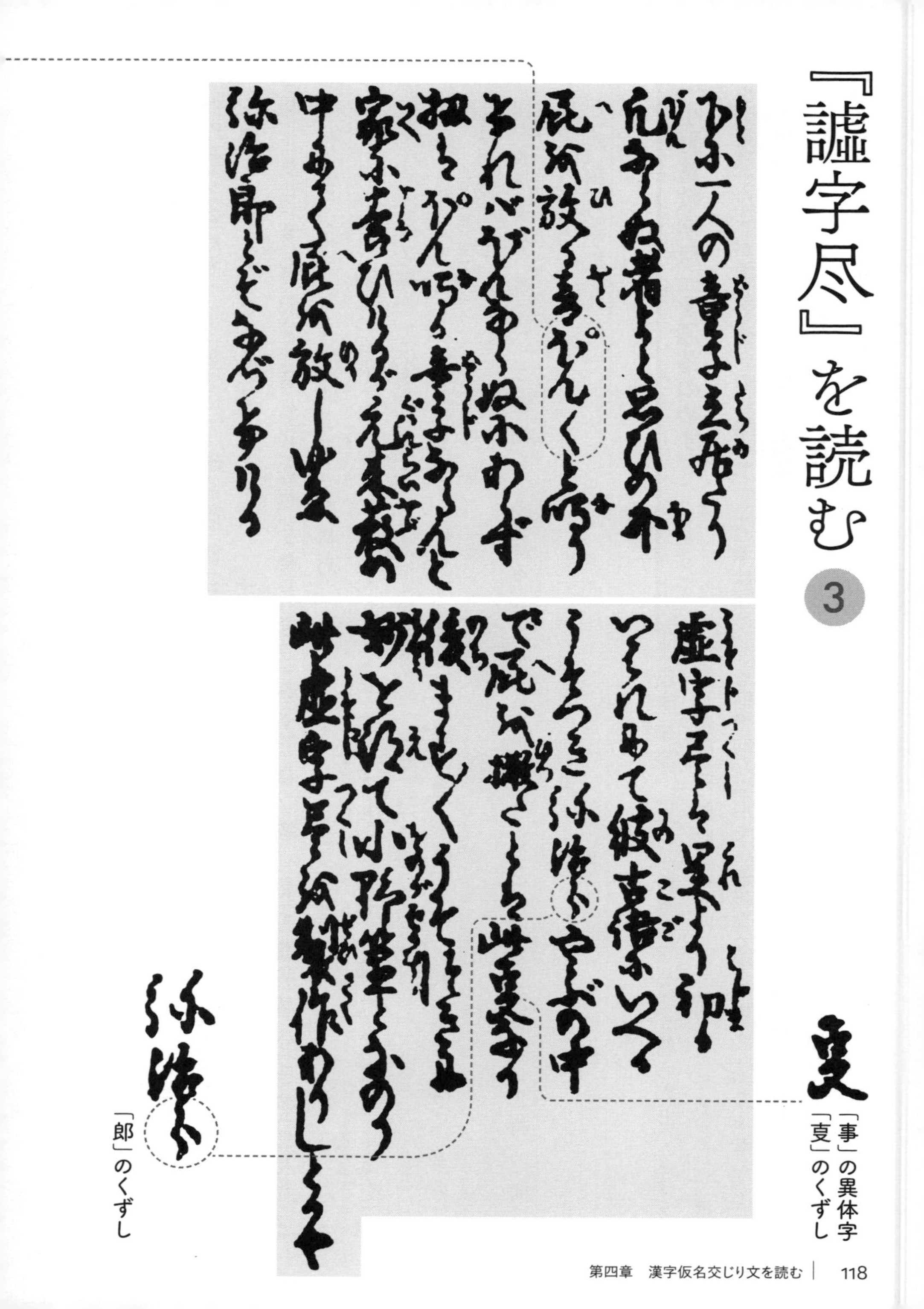

『譃字尽』を読む 3

「事」の異体字「叓」のくずし

「郎」のくずし

ぷんく

「ぽんく（ぽん）」

【読み】

……下尓(に)一人の童子 立 居多(た)り
凢 奈(な)らぬ者よと思ひの 外、
屁越(を)放る音本(ぽ)んくと鳴り
希(け)れハ(ば)、本(ぼ)ん奈(な)らぬ尓(に)安(あ)らず
扨盤(は)本(ぽ)ん鳴る童子奈(な)らんと
家尓(に) 養 ひ介(け)る可(が)、 元 来藪の
中丹(に)弖(て)屁越(を)放しゆふ
弥治郎とぞ奈(な)川(づ)希(け)介(け)る。
虚字尽盤(は)是より 初 る
い者(は)れ丹(に)て彼 古語尓(に)いへる
うそつき弥治郎やぶの中
で屁越(を)撤多(た)と盤(は)此事奈(な)り。
後ま春(す)くうそ徒(つ)き丹(に)
妙 を得て小 野 篁 と奈(な)のり
此虚字 尽 越(を)製作安(あ)りしと可(か)や

異体字のくずしに注意

絵を見ても、おわかりでしょうが、嘘字を作るようになった小野篁の来歴を面白おかしく書いています。江戸人の諧謔ぶりには呆れるほどです。この時代の濁音・半濁音はついていたり、ついていなかったりと明確ではありませんが、ここでは「本(ほ)」の濁音、半濁音を示す符号がはっきりと振られています。「郎」はしばしば右ページ下のようにくずされます。また、下段四行目の「事」は、異体字「叓」をくずしたものです（35ページ参照）。

全体図
『譃字尽』（国立国会図書館デジタルコレクション）

『譃字尽』を読む 4

「魂」の異体字「䰟」

譃字尽
戯作者 式亭三馬戯著
門人 楽亭馬笑校

旧字体「盡（尽）」のくずし

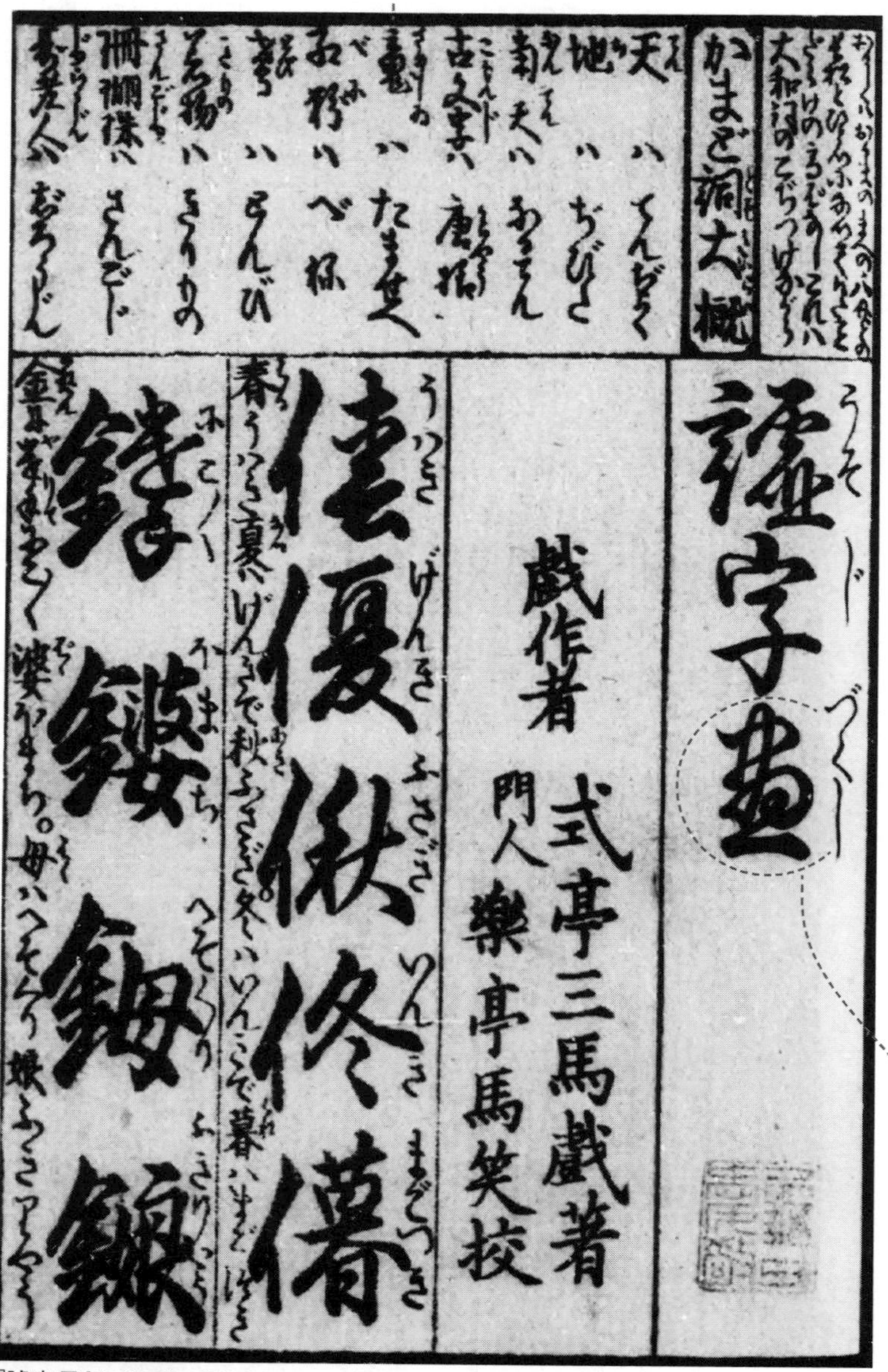

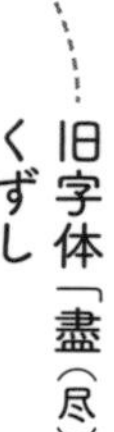

『譃字尽』（国立国会図書館デジタルコレクション）

【読み】上段

お可(か)しくハ(は)お可(か)まのまへのハ介どの長松と比(ひ)と川(つ)尓(に)奈(な)川(つ)弖(て)可(か)多(た)こと

多(だ)らけの高者(ば)奈(な)しこれハ(は)大和詞のこぢつけ奈(な)可(が)ら

かまど詞者(ば)多(た)い可(が)い大概

天ハ(は)てんぢよく

地ハ(は)ぢび多(た)

南天ハ(は)奈(な)るてん

古文字ハ(は)唐様

魂(異体字)ハ(は)たませへ

紅粉ハ(は)べ祢(ね)

鳶ハ(は)とんび

着物ハ(は)きり毛(も)の

珊瑚珠ハ(は)さんごじ

寿老人ハ(は)志(じ)ろうじん

【読み】下段

譃字盡

戯作者 式亭三馬戯著

門人 樂亭馬笑校

偆偄偢佟儛

春ハ(は)うハ(は)き 夏ハ(は)げんきで 秋ふさぎ。

冬ハ(は)いんきで 暮ハ(は)まご徒(つ)き

鑓 鏤 鉧 鎌

金丹(に)遣手尓(に)こく 婆者(ば)、本(ほ)まち。

母ハ(は)へそくり 娘ふき里(り)也(や)う

「金」が三つ

［借＋金］が横倒しで
「踏み倒す」という意味か

『謔字尽』（国立国会図書館デジタルコレクション）

読み

［金＋死］（や本(ぼ)てん／しぬ）　鉎（つう志(じ)ん）　鉄（む春(す)こ）　鐇（おやぢ）

金（可(か)ね）の死可(が)や本(ぼ)てん　通（つう）ハ(は)生（い可(か)）春(す)也　失（奈(な)く春(す)）　武(む)春(す)こ丹(に)畨（者(ば)ん）ハ(は)おやぢよ

［育＋金］（ふえる）　［金金＋金］（よく者(ば)る）　［貸＋金］（お本(ほ)づら）

金（可(か)ね）可(が)子（こ）を育（うむ）可(が)ふえる尓(に)金（可(か)ね）の上（うへ）尓(に)。金可(が)よく者(ば)る　貸（可(か)春(す)）ハ(は)お本(ほ)づら

錯（ぢぞう本(ぼ)さ川(つ)）　［金＋返］（ふんま）　［借＋金］（祢(ね)志(じ)也(や)可(か)）

金（可(か)ねへん）丹(に)借（可(か)り）る可(が)ぢぞう　返（奈(な)春(す)）ふんま　借金（志(し)やっきん）よこ可(が)祢(ね)志(じ)也(や)可(か)奈(な)りけり

嘘字と狂歌で遊ぶ

120ページから『䛪字尽』本編の始まりです。もともとの『小野篁歌字尽』は、漢字を列記してその意味や訓を和歌に乗せて覚える、というもので、たとえば「椿榎楸柊桐」というキヘンの漢字に「春つばき夏はえのきに秋ひさぎ冬はひらぎに同じくは桐」という和歌を添えて、調子よく漢字を覚えるというものでした。ところが、『䛪字尽』のほうは、「偆㑀㑐佟㒖」（120ページ）という正式には登録されていない漢字（一部の漢字はユニコードにも登録されています）に、「春うはき夏はげんきで秋ふさぎ冬はいんきで暮はまごつき」という狂歌が添えられます。人間は春には多情で、夏は元気で秋はふさぎがちになり、寒い冬はいんきになって、暮れには掛け払いの精算でまごつく、というのです。

その次は色里でのお金の使い方が話題になっています。「遣手（やりて）」は妓楼で諸事の取り持ちをする女性で、客にチップをもらうと「ニコニコ」。「ほまち」は臨時収入のこと、「ふきりやう」は「不器量」でしょう。

このほか、世間によくあるお金に関するゴタゴタをからかった漢字が続きます（122ページ）。たとえば、お金の使い方がうまい通人は「金が生きる」、「よくばる」には「釒+金+金」という嘘漢字が当てられます。「畨」は「番」の異体字です。お金を貸してくれる人は「地蔵」だが、返すときには「閻魔」のようだなどとふざけ、「借金」が「寝釈迦」になっているのは踏み倒す、という意味でしょう。

120ページ上段の「かまど詞大概（ことばたいがい）」は、江戸言葉をからかった言葉遊びのようなものですが、江戸言葉の貴重な資料になっています。

『一盃奇言』を読む 1

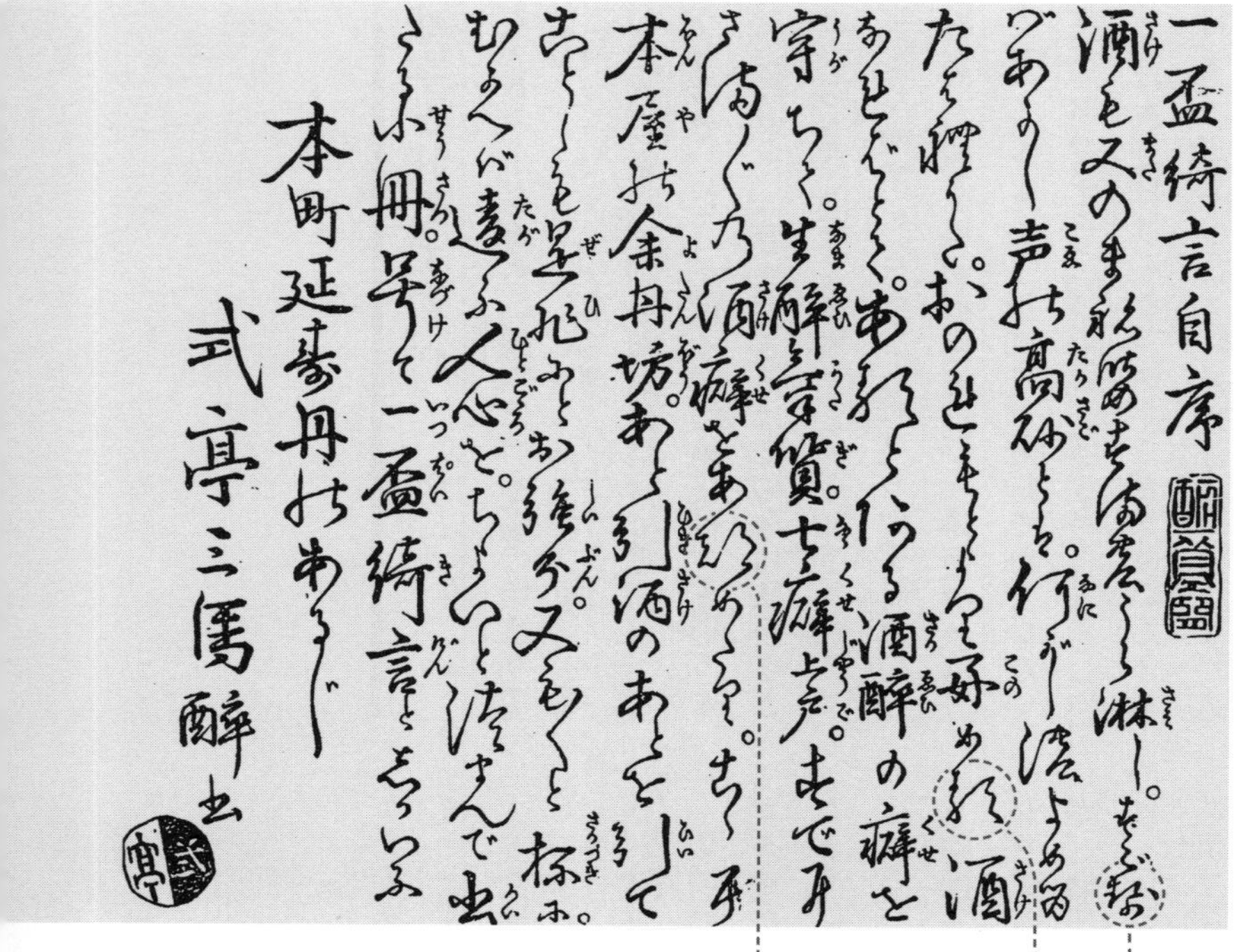

「勢」（せ）のくずし

「類」（る）のくずし

「都」（つ）のくずし

『一盃奇（綺）言』
（国立国会図書館デジタルコレクション）

読み

一盃綺言自序

酒毛(も)又のま祢(ね)婆(は)春(す)満(ま)農(の)うら淋し。春(す)ご勢(せ)ハ(ば)あ可(か)し声能(の)高砂と盤(は)。何可(が)し濃(の)よめ留(る)た者(は)禮(れ)う多(た)。おの連(れ)毛(も)とよ里(り)好め類(る)酒奈(な)連(れ)者(ば)と弖(て)。あ類(る)と阿(あ)る酒酔の癖を穿ち弖(て)。生酔 氣質。七癖上戸。春(す)で耳(に)さ満(ま)ぐ乃(の)酒癖をあ都(つ)め多(た)里(り)。古ヽ(ここ)耳(に)本 屋能(の)余 丹 坊。あと引酒のあとを引て古(こ)とし毛(も)是非尓(に)とお強分。又毛(も)く と 杯 尓(に)。む可(か)へハ(ば)違ふ人心を。ちよいと徒(つ)末(ま)んで書多(た)る小冊。号て一盃綺言と志(し)可(か)いふ

本町延寿丹能(の)あるじ
式亭三馬酔書

我獨さめ多(た)ら婆(は)又の三(み)奈(な)本(ほ)勢(せ)
三(み)奈(な)酔ふ酒農(の)聖ある代尓(に)

酒癖いろいろ

『譃字尽』と同じく、式亭三馬による滑稽本『一盃奇（綺）言』の序文です（文化十年の元版は「綺言」だが、明治十六年の版の外題は「奇言」となっている）。いろいろな酒癖を集めた内容です。「飲まねばすまの……」は「須磨」と掛けています。酔うと顔が赤くなって（明石）声が大きくなるのを「声の高砂……」と謡曲「高砂」に掛けています。これまでに登場しなかったのは「勢」のくずしでしょうか。また、「婆」は上部の「波」だけでも「は」と読めてしまい、また「都（つ）」は、旁が「頁」と似ているので、「類」などと迷いやすい文字です。

『一盃奇言』を読む 2

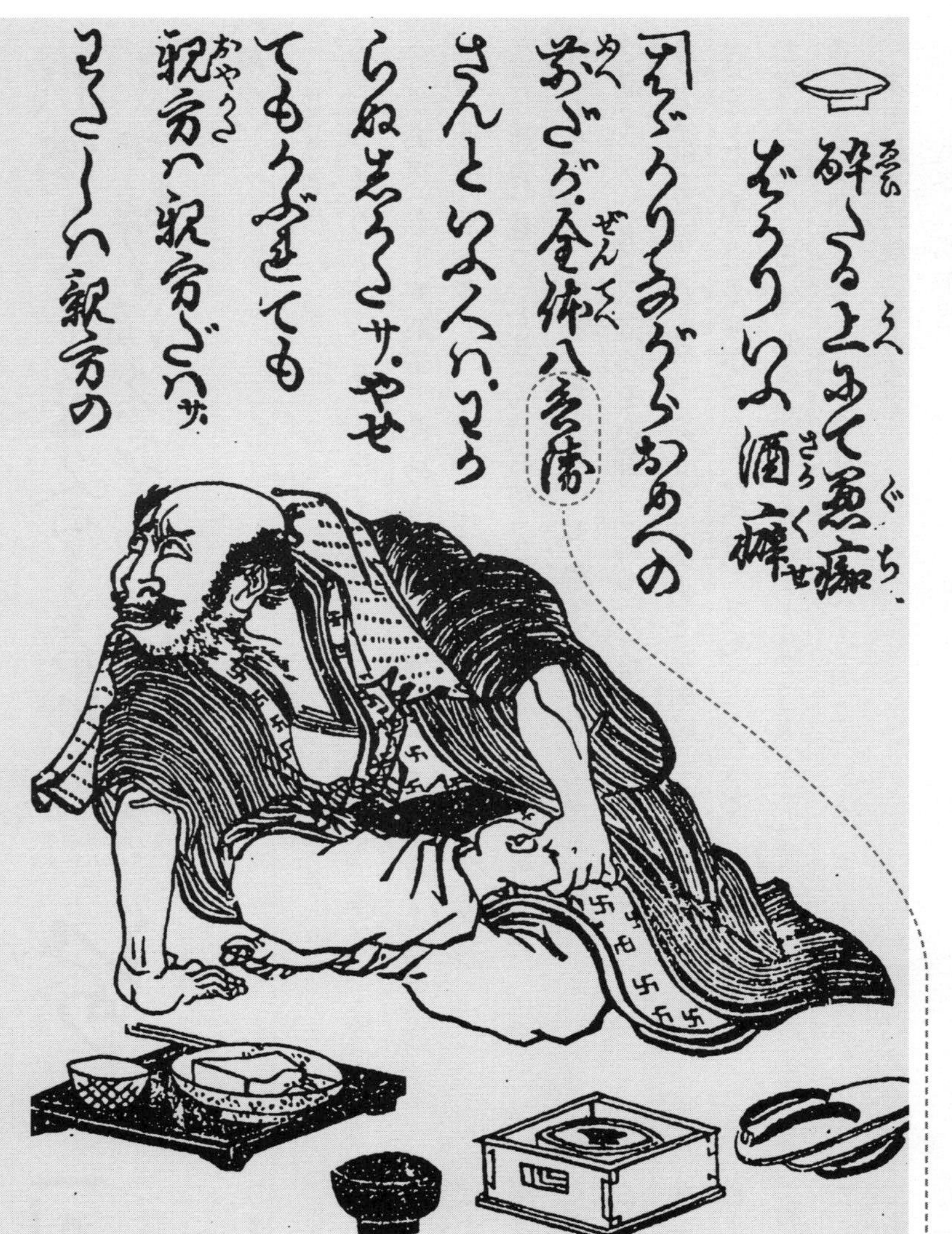

「……兵衛」のくずしは頻出

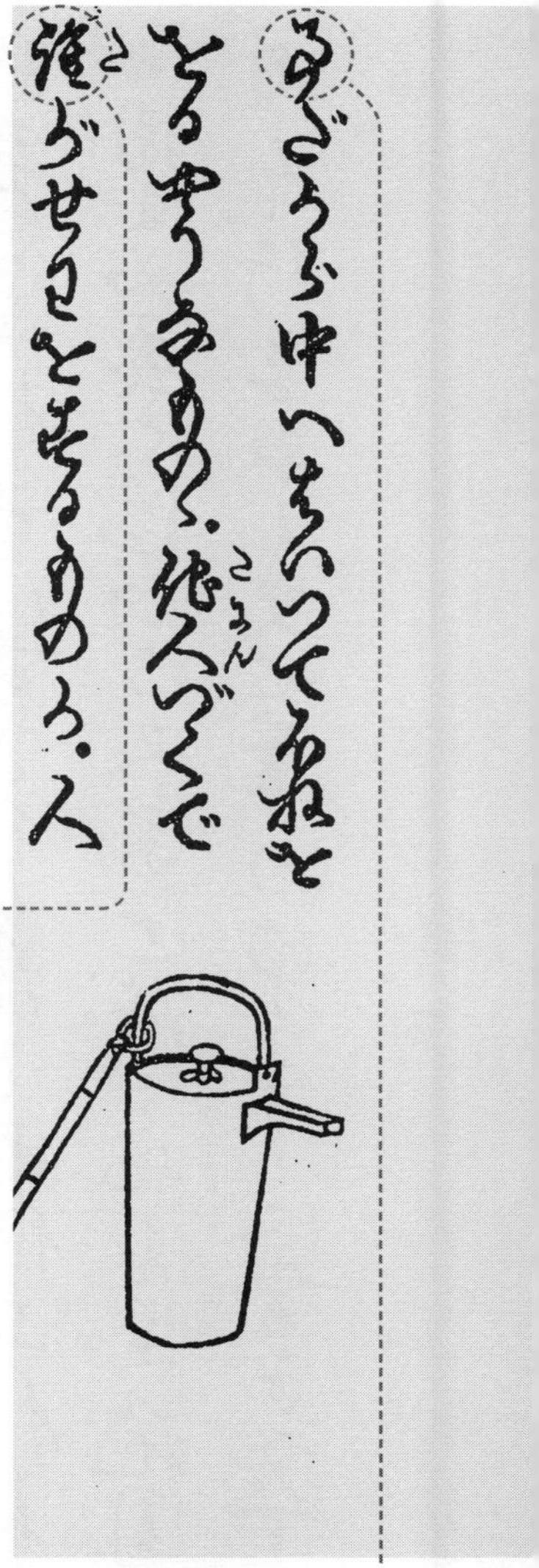

『一盃奇(綺)言』
(国立国会図書館デジタルコレクション)

「誰」のくずし

「事」のくずし

読み

酔(ふひ)多(た)る上(うへ)尓(に)て愚痴(ぐち)者(ば)可(か)りいふ酒癖(さ可(か)くせ)〜者(は)ゞ可(か)り奈(な)可(が)らお女(め)への前(めへ)多(だ)可(が)。全体(ぜんてへ)ハ兵衛さんといふ人ハ(は)。王(わ)可(か)ら奴(ぬ)志(し)可(か)多(た)サ。やせても可(か)不(ぶ)連(れ)ても親方(おや可(か)多(た)) ハ(は)親方多(だ)ハ(は)サ。王(わ)多(た)し(私)ハ(は)親方の事多(だ)可(か)ら中へ者(は)いって本(ほ)ねををる也(や)う奈(な)毛(も)の、。他人(多(た)尓(に)ん)づくで誰(多(た))可(が)せ王(わ)を春(す)る毛(も)の可(か)。人……

職人の愚痴

職人が酒に酔って、仲間に親方のやり方を面白くないと愚痴(ぐち)っているようです。近世の古文書に頻出する人名が出てきました。「……兵衛」などはさまざまなくずし方をされますが、ぜひ覚えておきたい字形です。「事」も頻出します。「誰」の「隹」は「生」のようにくずされます。文末に「サ」など片仮名が交じるのは、滑稽本の文体の特徴です。

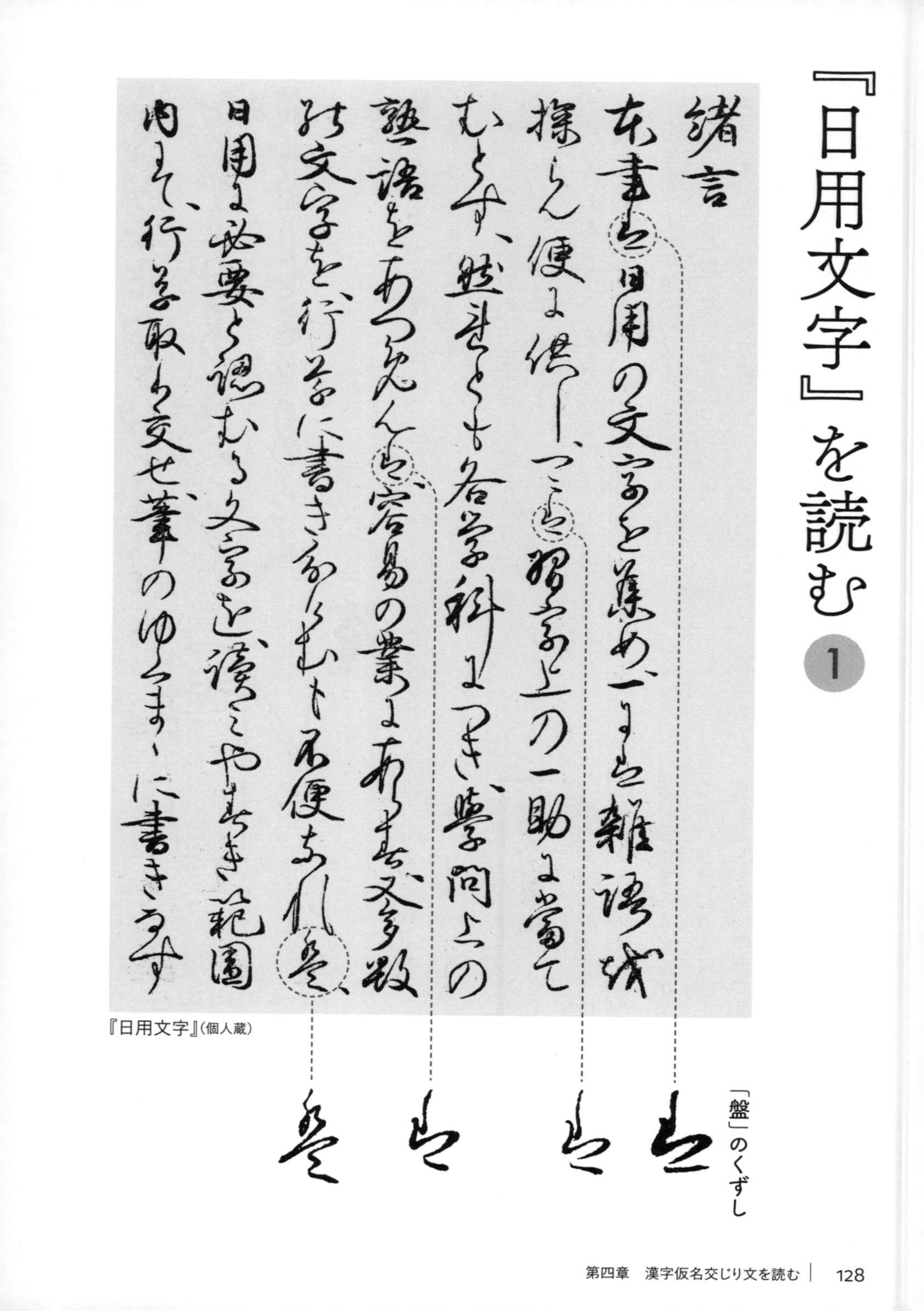

『日用文字』を読む 1

『日用文字』（個人蔵）

「盤」のくずし

【読み】

緒言
本書盤(は)日用の文字を集め、一尓(に)盤(は)雑語越(を)
採らん便尓(に)供し、一二(に)盤(は)習字上の一助尓(に)當て
むとす、然連(れ)と毛(も)各学科尓(に)つき、學問上の
熟語をあつ免(め)ん盤(は)、容易の業尓(に)あら春(す)、又多数
能(の)文字を、行草に書き分介(け)武(む)毛(も)不便奈(な)礼(れ)盤(は)、
日用尓(に)必要と認むる文字遠(を)、讀三(み)也(や)春(す)き範囲
内尓(に)て、行草取利(り)交せ、筆のゆ久(く)まゝに書き奈(な)す……

習字手本の序文

『日用文字』は書家（小野鵞堂）による習字手本で、これはその序文です。本文には社会生活に必要な単語がかなり整った行書で書かれていますが、この序文ではくずし字を多用しています。一般には明治後期になってもこうしたくずし字主体の書き方のほうが広く行われていたということでしょうか。

基本的には平易なくずしなのですが、字母や字形に書き手の個性が見られます。たとえば助詞「は」は、これまでは「者」のくずしが多く見られましたが、ここではややわかりにくい「盤」のくずしを多く使っています。上部で一回くるりと結んでいるところがポイントですが、短い文章の中でもくずしに変化があります。往来物などの書物のくずしと字形や書風がやや異なる場合があります。

小野鵞堂編書
習字兼用
増補五版
日用文字
東京 合資會社 吉川弘文館發行

序文前の扉ページ

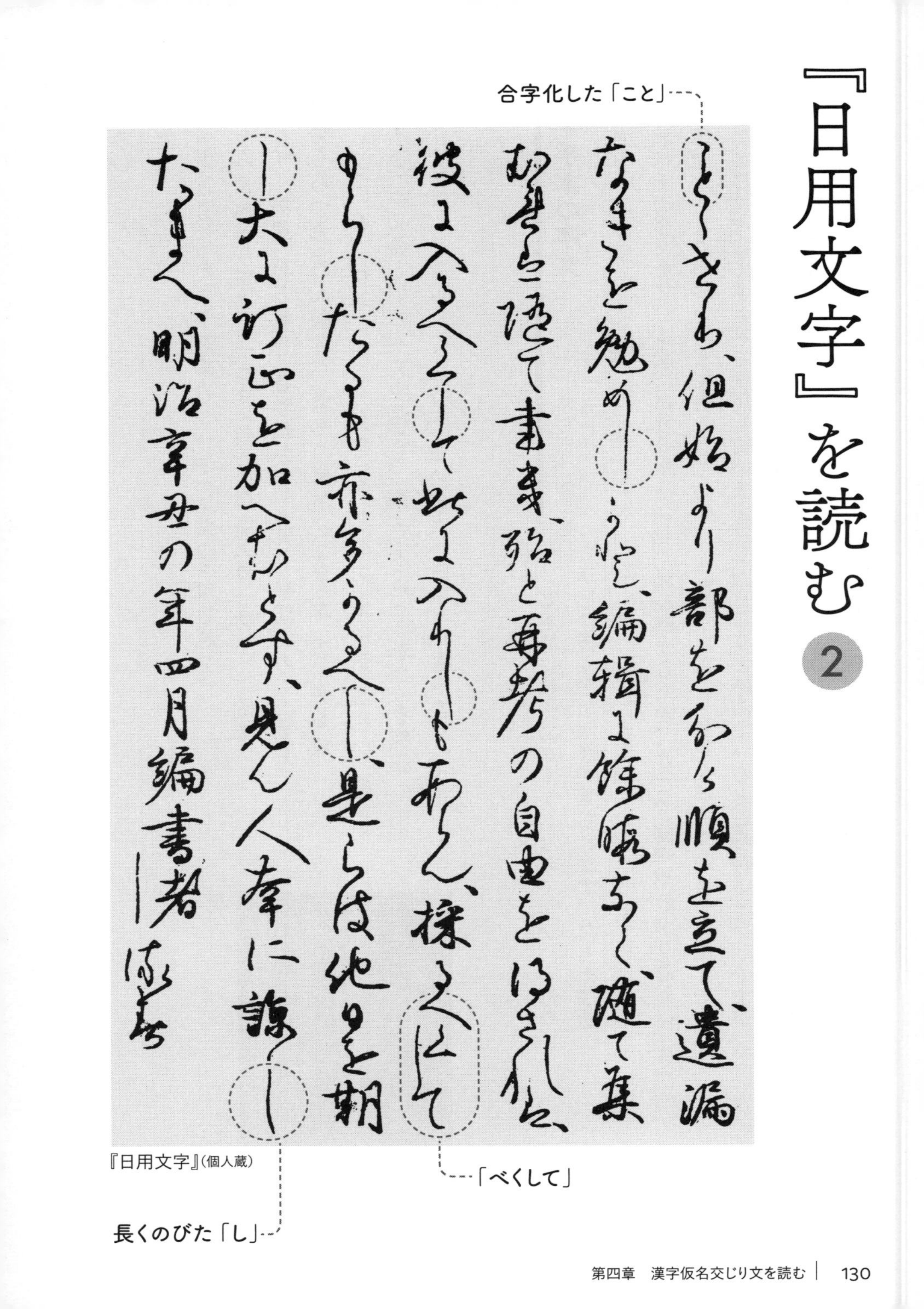

『日用文字』を読む 2

合字化した「こと」

「べくして」

長くのびた「し」

『日用文字』（個人蔵）

【読み】

……ことし左(さ)利(り)、但始より部を分介(け)順を立て、遺漏奈(な)きを勉めし可(か)登(と)、編輯尓(に)餘暇奈(な)く、随て集武(む)連(れ)盤(は)随て書幾(き)、殆と再考の自由を得さ礼(れ)盤(は)、彼尓(に)入るへ久(く)して此尓(に)入れしもあらん、採るへ久(く)して毛(も)らしたる毛(も)亦多可(か)るへし、是らは他日を期し大尓(に)訂正を加へ武(む)とす、見ん人幸に諒したまへ、明治辛丑の年四月編書者し流(る)春(す)

書家ならではの書風

序文の続きです。この手本の著者・小野鵞堂の書風は、「鵞堂流」として大正時代に広く書かれました。「ことしさり」「へくして」など、連続する数文字が一筆か二筆で書かれ、一体化しているので、わかりにくい箇所があります。長くのびた「し」の表現など、仮名書の書き手ならではといったところです。濁点も振っていません。仮名は比較的小ぶりに書かれているので、漢字と仮名の区別はしやすいでしょう。「得」「暇」「此」など漢字のくずしにわかりにくいものがありますが、部首などに分解して見当をつけ、字典を検索しましょう。

商法。刑法。民事。刑事。
國籍。戸籍。登記。競賣。
供託。寄託。公法。私法。
公權。私權。法人。能力。

『日用文字』(個人蔵)　本文の一部

引札を読む 1

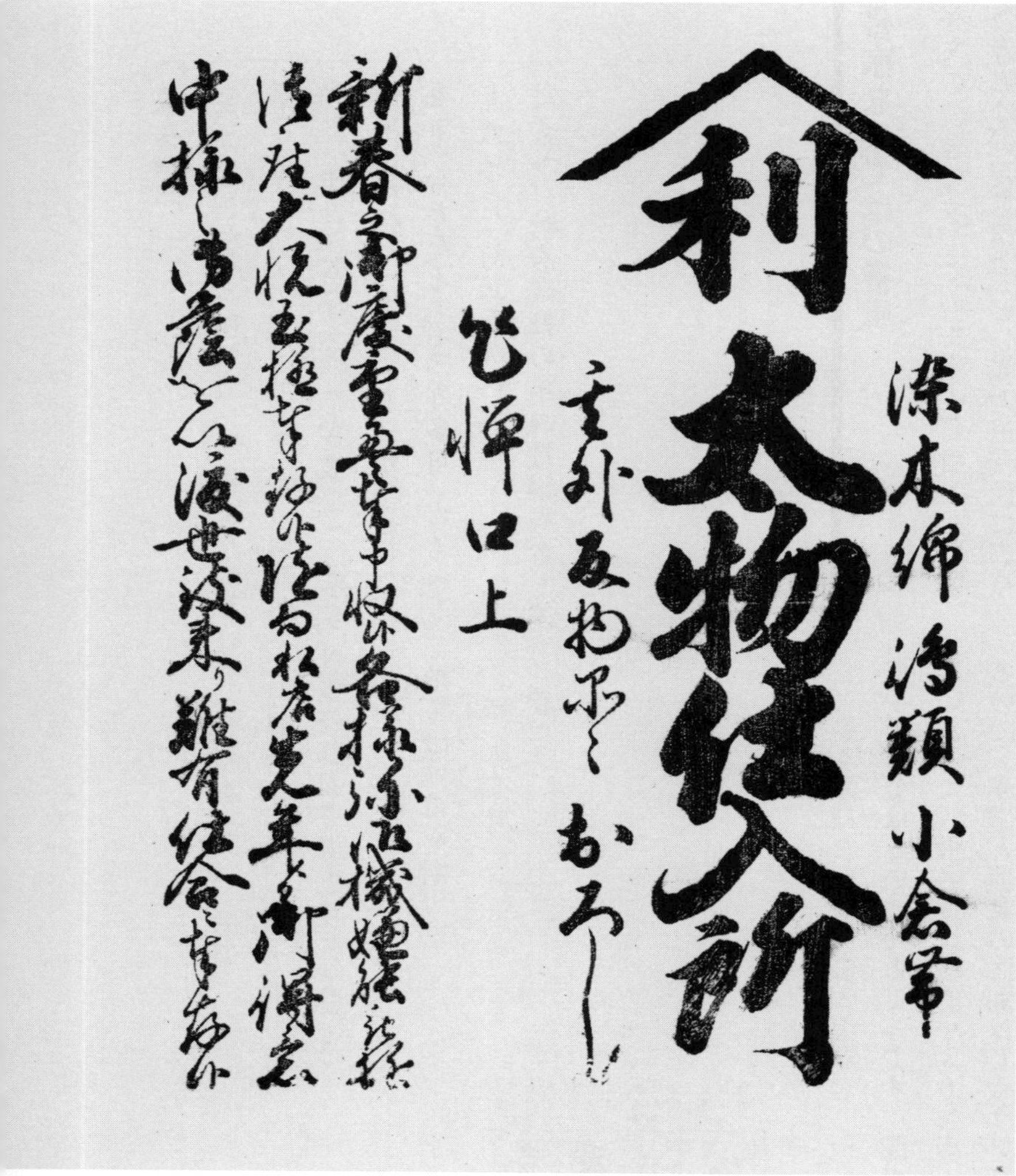

利

太物仕入所

染木綿　縞類　小倉帯

江戸のチラシ「引札」

「引札（ひきふだ）」とは、現在のチラシのことです。右の図版は奈良の呉服屋が新春売り出しのために作ったもので、木版印刷です。幕末から明治初期のものだと思いますが、古書店で版木を入手し、それを版画用のインクで刷ったものです。部分に分けて読んでいきましょう。

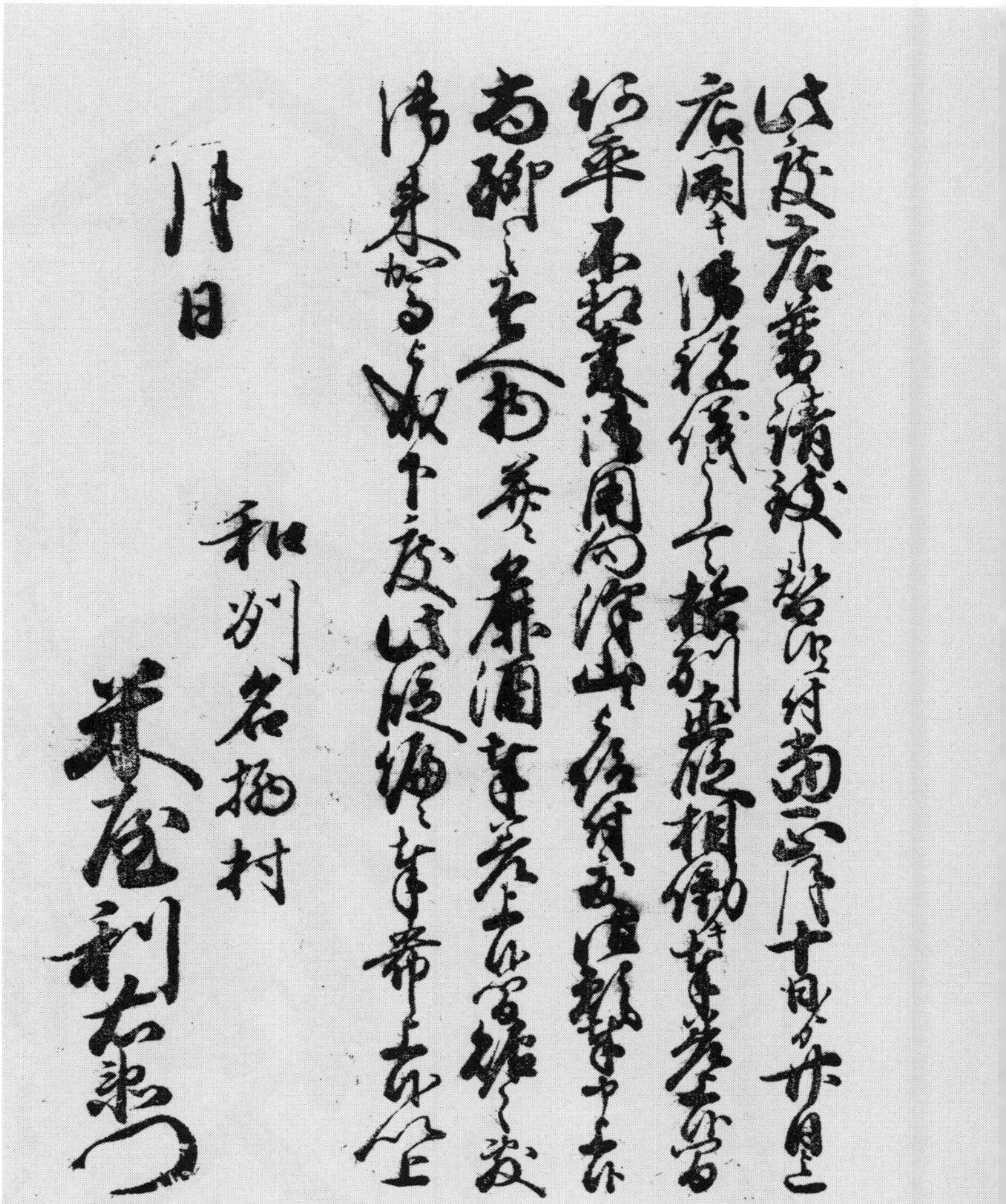

引札（個人蔵）

引札を読む 2

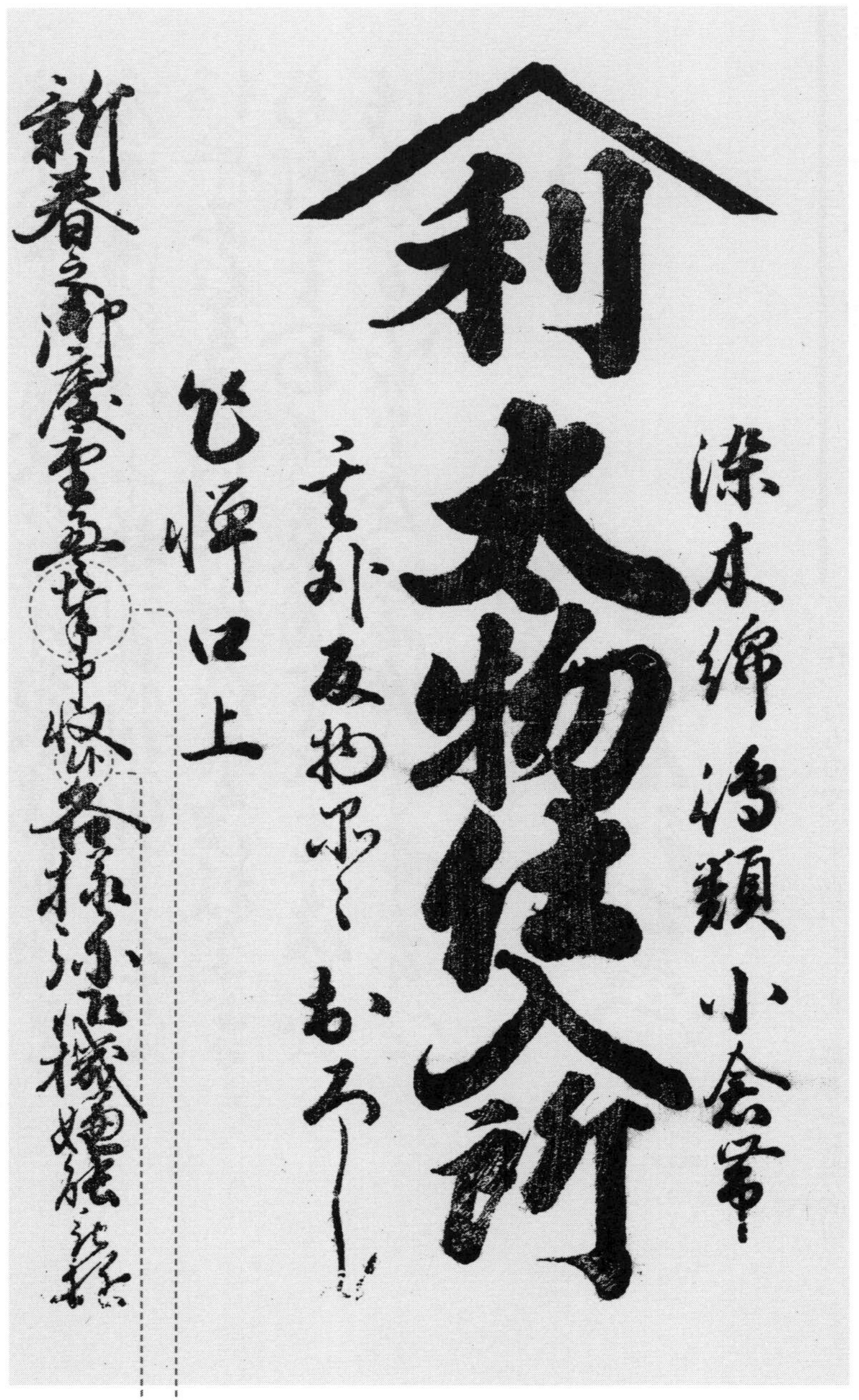

奉

候

【読み】

染木綿　嶋類　小倉帯

〈利 太物仕入所

其外　反物品々　おろし

乍憚（はばかりながら）口上

新春之御慶重畳奉申収候（まうしおさめたてまつりさうらふ）。各様　弥御機嫌能被遊（御座）……

【大意】

新しい年の始め、かさねがさねおめでたくご挨拶申し上げます。皆様それぞれには御機嫌よくお過ごしあそばされ、……

候文を読む

候文で書かれています。候文は江戸時代に書簡をはじめとして多く使われ、現代でいえば「です・ございます」調の丁寧語です。とくに「候」はよく出てきます。前後の文字も一体化して判読に戸惑うことがあります。「候」とともに丸で囲んだ「奉」も頻出します。「奉」は動詞とともに敬意の意味をもった補助動詞として使われます。「被遊御座」（ござあそばされ）などは、漢文式に返って読みます。「被」はほとんど原形をとどめていないほどくずされていますが、これも頻出します。「乍憚口上」「弥御機嫌能」などは引札の決まり文句です。「太物」とは木綿物のことです。「御慶」は新年の挨拶、「嶋」は縞物のこと。

引札を読む 3

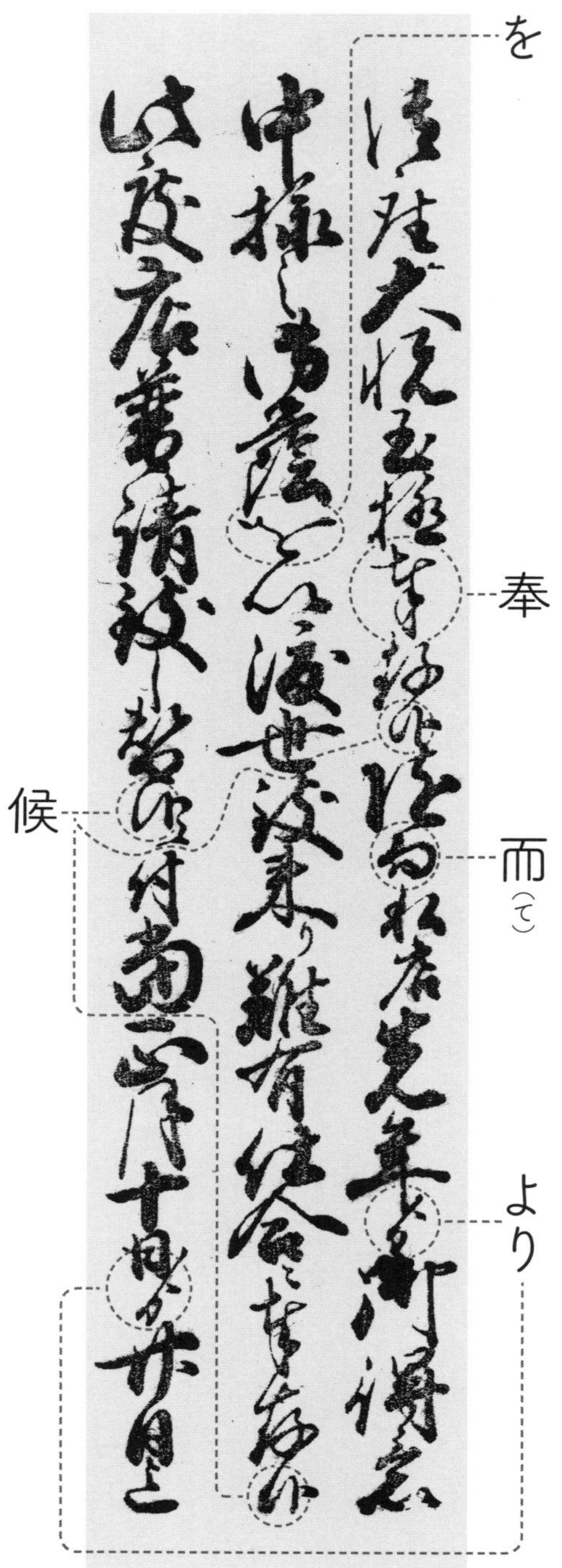

【読み】

(被遊)御座(ござあそばされ)、大悦至極[に]奉存候(ぞんじたてまつりさうらふ)。随而私店、先年より御得意中様之御蔭を以渡世致来り難有(ありがたき)仕合ニ(に)奉存候(ぞんじたてまつりさうらふ)。

此度店普請致し替候ニ(に)付當正月十日より廿日迄……

【大意】

……大変によろこばしく存じます。次いで、私の店は昨年よりお客さま方のおかげで、世の中を渡ることができ、ありがたき幸せと存じています。このたび、店の建て替えを済ませ、正月の十日から二十日まで……

慣用的な表現を手がかりに

この部分も引札によく使われる文句が続きます。顧客の御機嫌を伺い、お世辞を述べています。「大悦至極」「御蔭を以」など、こうした慣用的な表現を手がかりにじっくりと読んでいきます。「を」は現行の平仮名とほぼ同じですね。先述のように「ゟ(より)」は合字で、二つの文字が合体して慣用的に使われているものです(28ページ参照)。

このように平仮名や変体仮名、片仮名を交えながら漢字を音で読んだり訓で読んだり、また返って読んだりと、やや難易度が高くなっています。なお、小さく書かれた「ニ(に)」は漢字を字母とした変体仮名と片仮名が同じ字形をしています。

引札を読む 4

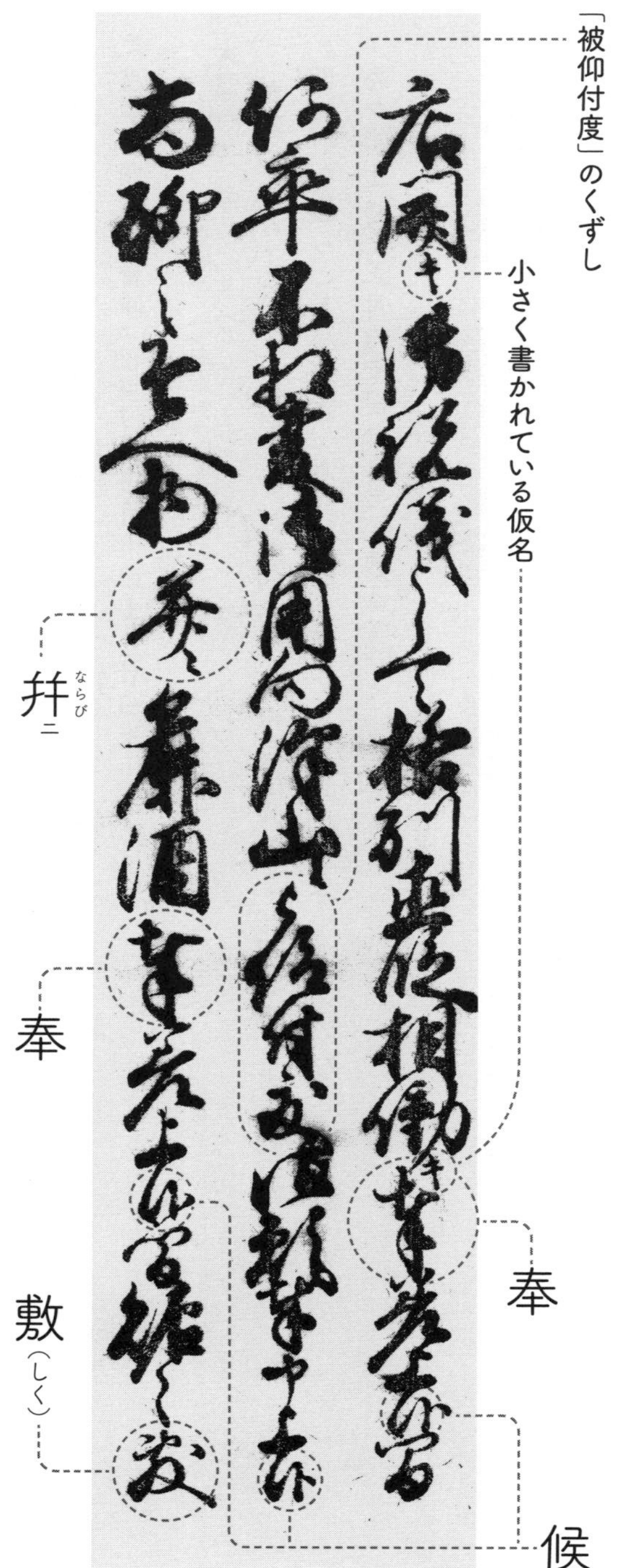

【読み】

店開キ御祝儀とし天(て)格別直段（ねだん）相働キ奉差上候間(さしあげたてまつりさうらふあひだ)
何卒（なにとぞ）不相変(あひかはらず)御用向澤山（ごようむきたくさん）ニ(に)被仰付度(おほせつけられたく)
御願（おんねがひ）奉申上候(まうしあげたてまつりさうらふ)。
尚 聊（いささか）之（の）そへ物 并（ならび）ニ(に)麁酒（あらさけ）奉差上候間(さしあげたてまつりさうらふあひだ)賑ゝ敷（にぎにぎしく）……

【大意】

……開店祝いとして特別サービスを致しますのでなにとぞ相変わらず沢山ご用命くださるようにお願い申し上げます。なお、いささかの景品や粗末な酒など用意しておりますのでにぎやかに……

さまざまなくずし方

「そへ物」は景品、おまけのこと、「麁酒（あらさけ）」(そしゅとも)は程度の悪いお酒、と謙遜（けんそん）した表現です。末尾の「敷（しく）」は漢字の訓読みを使って活用語尾「しく」に当てています。こうした使い方を「訓仮名（くんがな）」と呼びます。「奉」「候」が多く出てきますが、それぞれ文字の大きさやくずし方に差があることに注意してください。もとは筆で書かれているので、筆の勢いや調子、くせによって定型に一致しない、書き手が独特のくずし方をしている例が非常に多いのです。

引札を読む 5

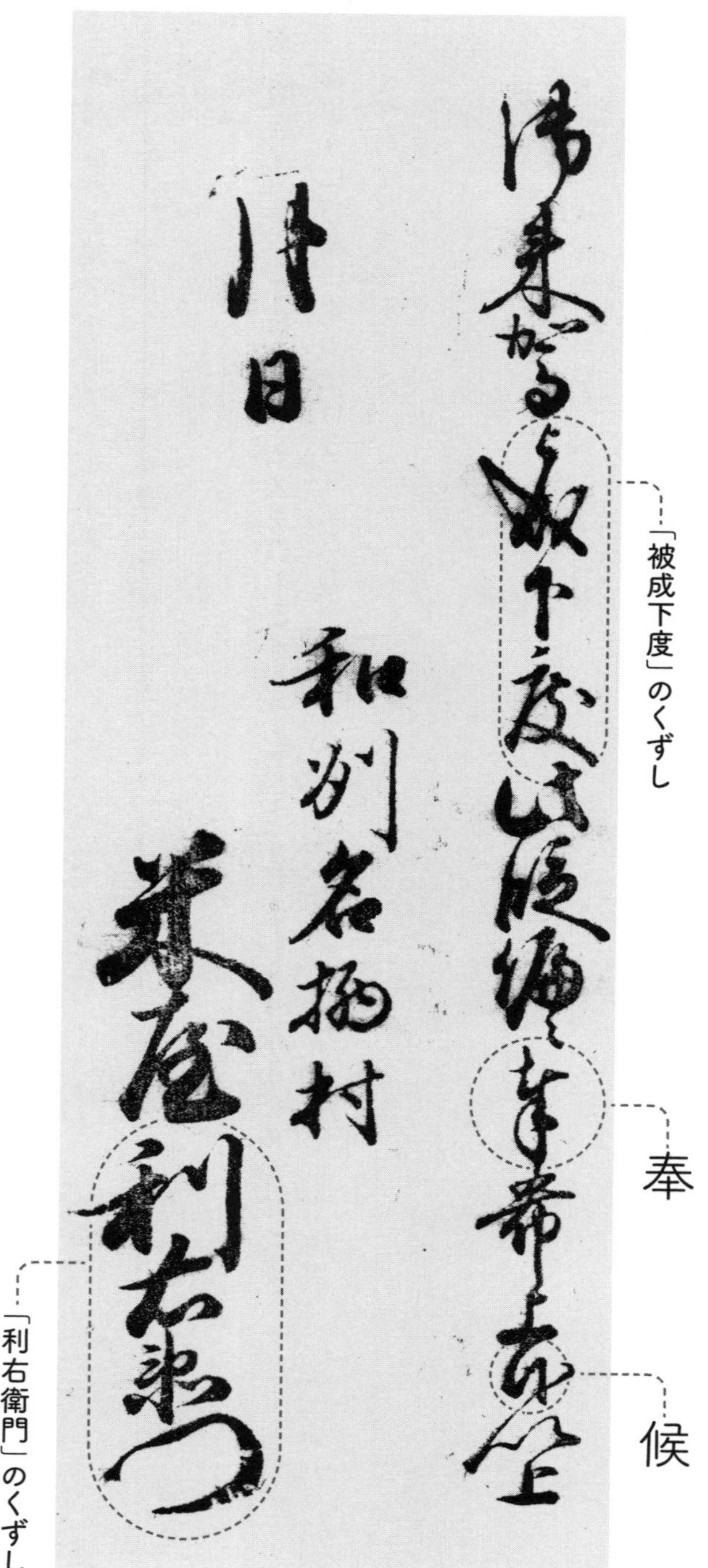

【読み】

御来駕（らいが）被成下度（なしくだされたく）、此段偏ニ（このだんひとへに）奉希上候（ねがひあげたてまつりさうらふ）。以上

和州名栖村

月日

米屋利右衛門

【大意】

……お越しくださいますよう、くれぐれもお願い申し上げます。以上

引札の印刷方法

「和州（わしゅう）」は奈良のこと。「被成下度（なしくだされたく）」のくずしでは、「被」は偏も旁もない「ヒ」のように略され（138ページにも出てきました）、「成」はしばしばこのようにくずされます。「利右衛門」の「衛」がこのようにくずされるのは、ギョウガマエが変化し、旧字体「衞」の字形をくずしているからです。このように、頻出する人名漢字は、極端に省略されることが多いのです。「門」は一筆で「つ」のように書かれます。

近代以前に活版印刷が行われていなかったわけではありませんが、一般的には江戸時代を通じて書物やこのような引札の類は、筆で書かれた文章を木の板に転写し、全部の文章を逆字に彫刻してそれを版として、印刷されていました。活字のように一字一字を組むわけではないので、一つの目的にしか使えませんが、増刷するときには便利です。この方法を「整版（せいはん）」といいます。

この引札の版木

コラム

引札には何が書かれているか

江戸時代から明治時代には商業の発展、識字率の向上などを背景にしてこのような端物の印刷物（摺物と呼ばれる）が大量に作られました。その中でも引札は、天和年間（一六八一〜一六八四）あたりから始まったようです。

商店の開店、大安売り、見せ物などの宣伝を目的として顧客に配られました。引札の文面を平賀源内や大田蜀山人、曲亭馬琴といった有名な文人・戯作者が書くことも多くありました。今でいうコピーライターです。「東西東西」の呼びかけで始まる口上（宣伝文句を大声で述べること）の調子を残したオーソドックスな文体が多く使われました。

多くは132ページに掲げた図版のように御家流の書風で書かれたものですが、書体にもいろいろあり、絵をあしらったもの、色つきのもの、冊子型のものなど凝った形式もありました。日本の広告・宣伝の歴史を考える上で、大きな役割を果たしたものと言えます。

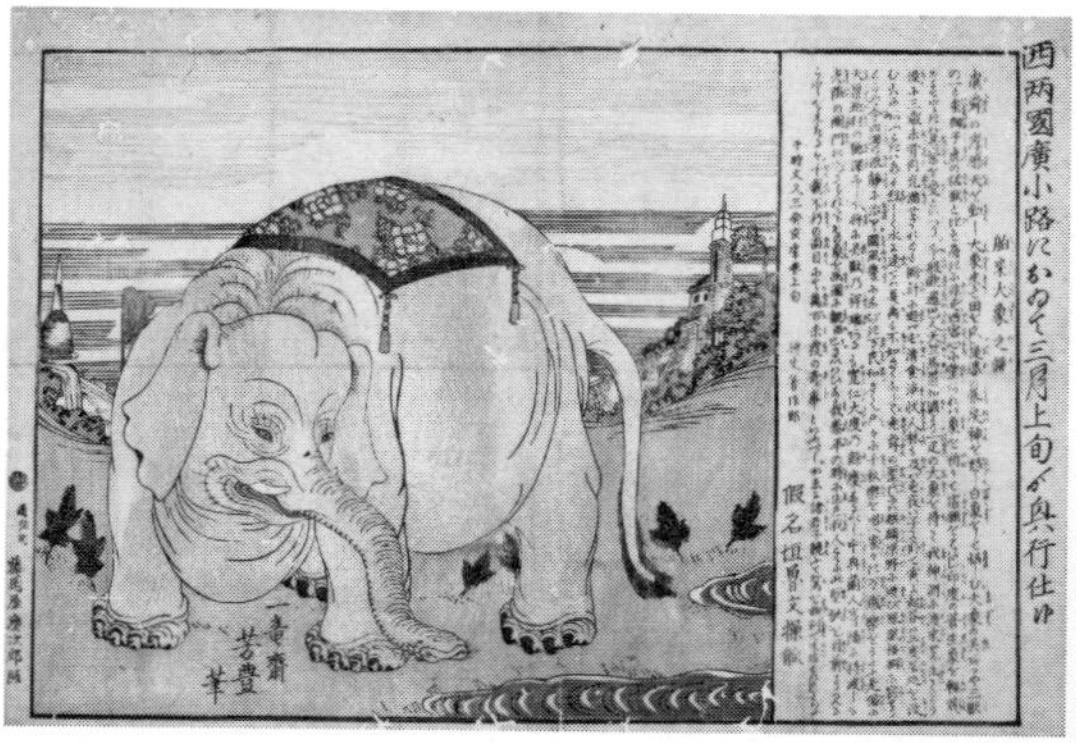

「舶来大象之譜」（文久三年、假名垣魯文作、早稲田大学図書館蔵）

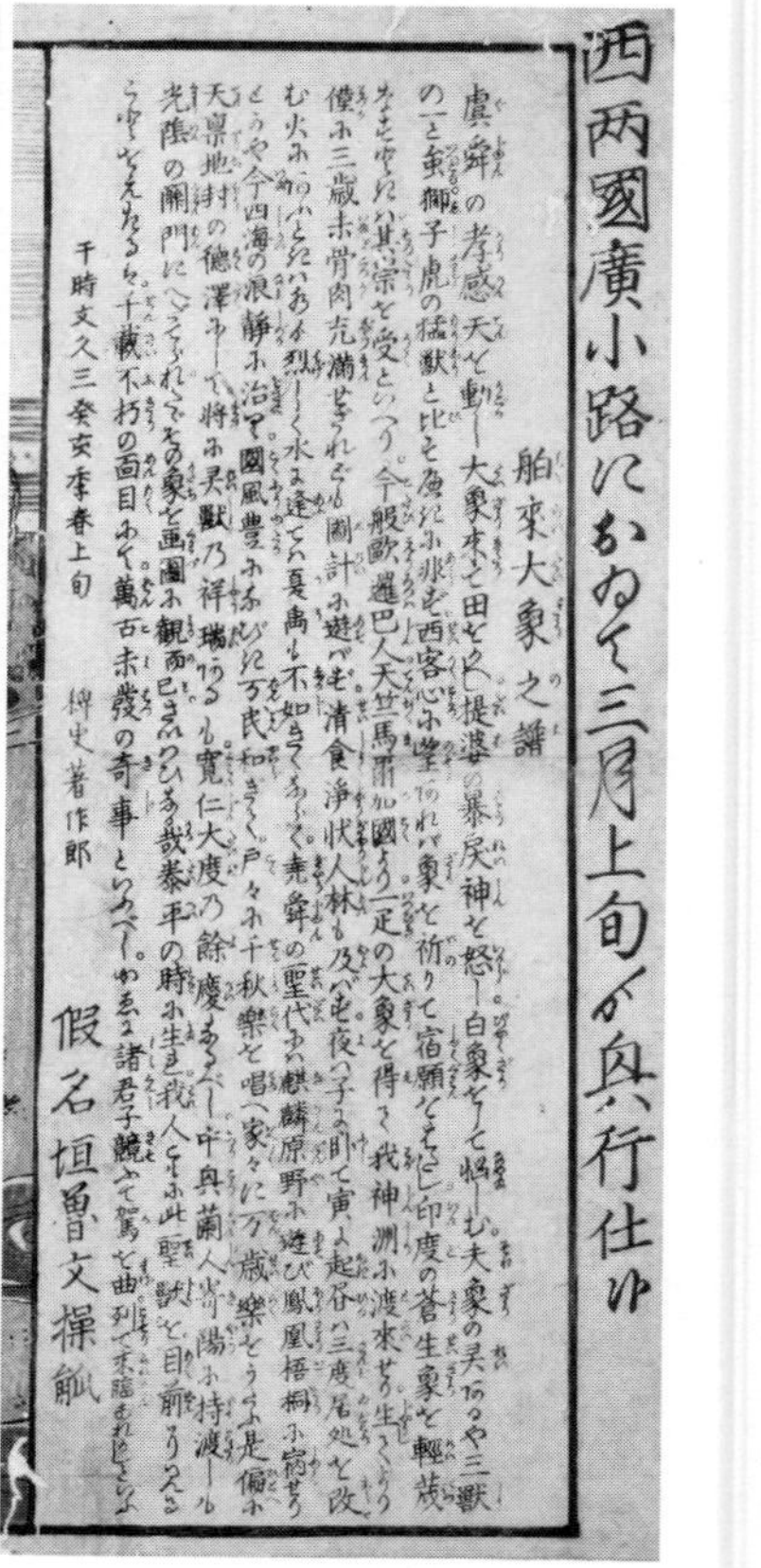

「舶来大象之譜」部分拡大
象を見せ物にした興行の引札。
右肩に「西両國廣小路におゐ天（おいて）三月上旬ゟ（より）興行仕（つかまつり）候」とある

第五章

明治以降の変体仮名

『小學作文書』を読む 1

次ギノ文ヲ口上書ニ書キ取レ。

一。今日は病氣ニ付不参いたし候。

二。御病氣は如何に候や御伺ひ申候。

三。私病氣追々快き方に御座候。

四。讀本只今御不用に候はば拝借いたしたく候。

五。此書物長々拝借いたし有りがたく存候。

六。明晩は御入來御待申候。

十四。昨今學校より帰宅いたし候。

「氣（気）」のくずし

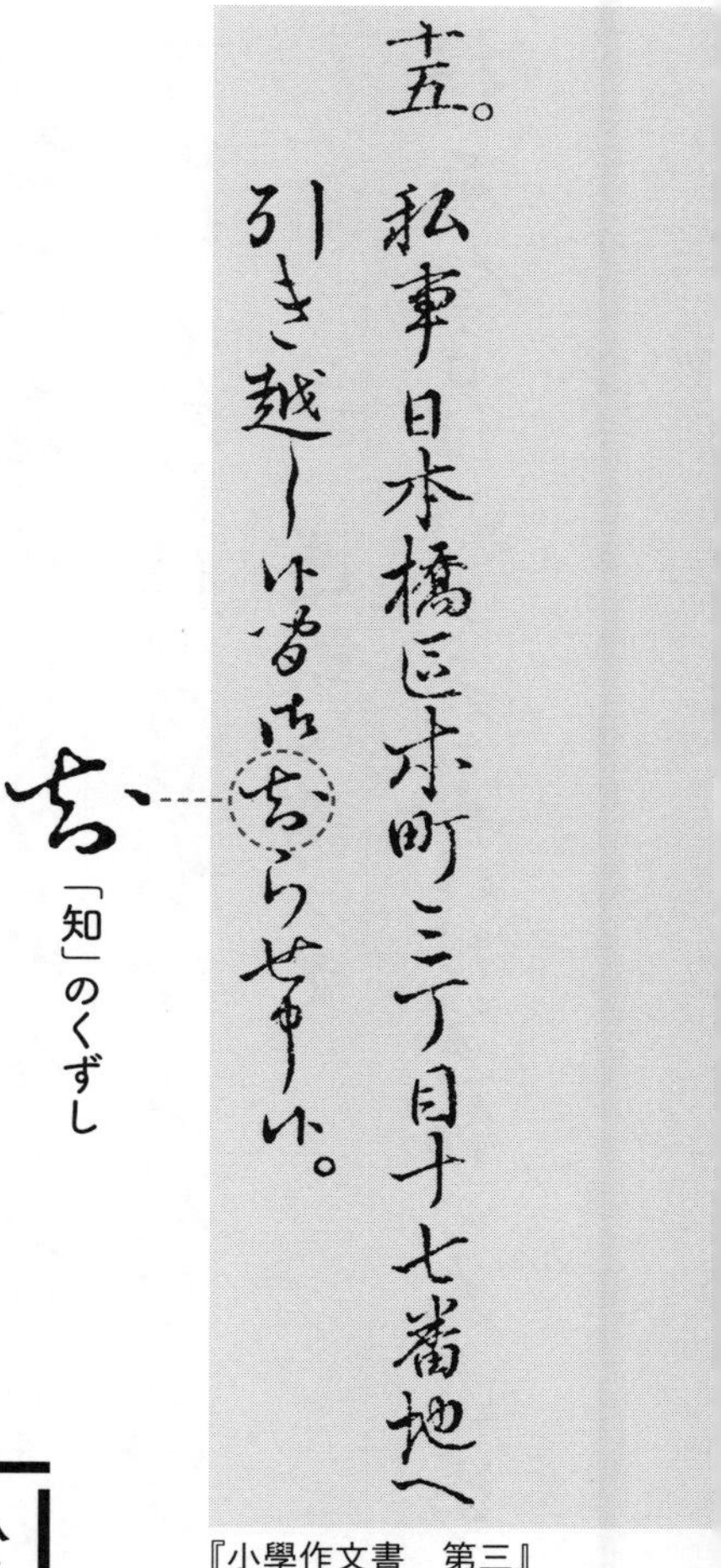

十五。私事日本橋區本町三丁目十七番地へ
引き越し候間御知らせ申候。

「知」のくずし

『小學作文書　第三』
（個人蔵）

読み

一。今日は病氣二(に)付不参いたし候。

二。御病氣は如何に候や御伺ひ申候。

三。私病氣追〻快き方に御座候。

四。讀本只今御不用に候はば拝借いたしたく候。

五。此書物長〻拝借いたし有りがたく存候。

六。明晩は御入来御待申候。

……

十四。唯今學校より帰宅いたし候。

十五。私事日本橋區本町三丁目十七番地へ引き越し候間御知らせ申候。

小学生向けの作文・習字の教科書

明治十九年に小学生向けに作られた、書簡、注文書、小論文などさまざまな文書を書くための教科書です。例文を書き取ることで、文章の練習となり、習字の練習もするという構成です。「御」「候」など以外は、くずしですが、文字の大きさも揃えられ、おおむね平易なくずしですが、冒頭の「次ギノ文ヲ口上書ニ書キ取レ」という設問が、片仮名交じりの楷書で書かれていることからすると、当時の小学生にとって、候文を行書でこのように書くことが「難しい」こととなっていたことを示すのかもしれません。

『小學作文書』を読む 2

此程は如何御凌ぎなされ候や然ば當地名産
の塩鮭拾尾飛脚便にて差上申候到着の日
御風味下されたく候頼存。

二。父母ニ遣ス文。

寒暑の節益御壮健に入らせられ候や私事
相替らず無事に御坐候昨今は店方もい
そがはしく勉強仕候間御安心下されたく候以上。

三。運動ニ誘フ文。

拝啓今日は好き天氣に付運動の為遊歩

候
御
字形が似ている

「御坐候」

致したく候御同意に候はば後刻御誘ひ申
すべく候頓首。

『小學作文書第四』(個人蔵)

【読み】

(一。遠方へ物ヲ贈ル文。)

此程は如何御凌ぎなされ候や。然ば當地名産の塩鮭拾尾飛脚便にて差上候　間到着の日御風味下されたく候　頓首。

二。父母ニ遣ス文。

寒氣の節　益　御壮健に入らせられ候や。　私事相替らず無事に御坐候。　昨今は店方もい曽(そ)がはしく、　勉強　仕　候　間御安心下されたく候　以上。

三。運動ニ誘フ文。

拝啓　今日は好き天氣に付運動の為遊歩致したく候。御同意に候はば後刻御誘ひ申すべく候　頓首。

手紙の末尾の「頓首」

144ページより文字数も多くなって少し難しくなっています。文末の「頓首」は敬礼する意味ですが、手紙の終わりにつける尊敬語として使われます。「いそがはし」は「忙しい」の意味です。「御坐候」の「坐」は、やや読みにくいですが、その前に「御」があるのと、「候」が続くので、推測がつきますね。候文では頻出します。次ページは商品の納品書の例文です。著者の三宅米吉は、明治から昭和時代まで活躍した歴史学者・教育者です。

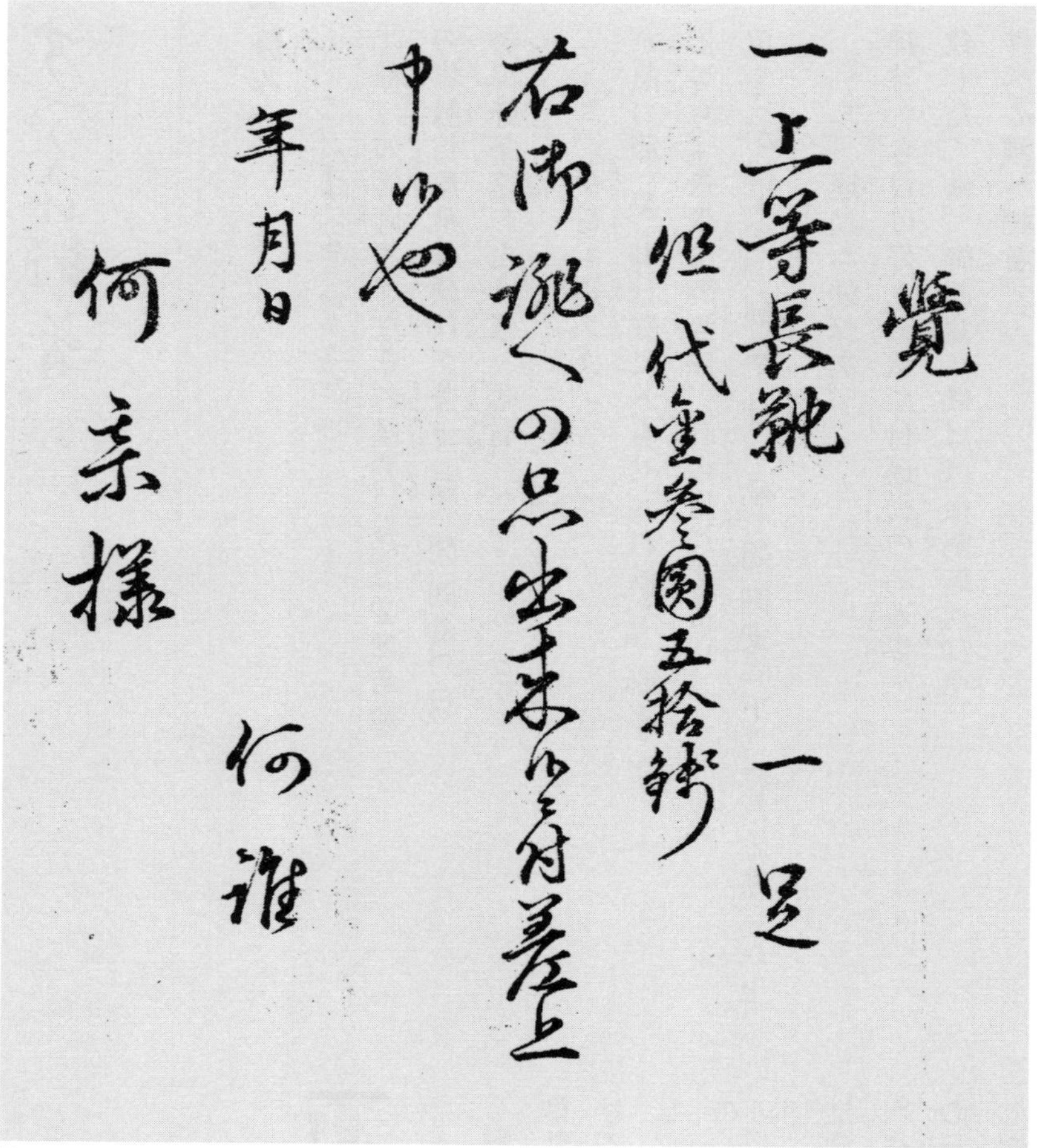

『小學作文書　第四』(個人蔵)

『小學作文書』表紙

【読み】

覺（おぼへ）

一　上等長靴　一足

　但　代金参圓五拾銭

右御誂（おあつら）への品出来候ニ(に)付差上

申候也（まうしさうらふなり）

年月日　　何誰

何某様

『てにをは教科書』を読む ①

てにをは教科書

例言

一　此書は、余が、東京大學、及び、東京師範學校等の教授に、常に
用ひし筆記なりしが、いつしか、世間に流布して、漸く傳寫
をかさねきたりしまゝに、毎本、魚魯の誤り、尠なからぬを、此
度、また、華族女學校にても、用ひらるゝと聞きしかば、さらばと、
思ひ起して、新たに、添へもし、削りもして、斯くは、上木せ
しなり。されど、なほやう、教授に用ひしものとは、自ら同じか
らざる所も、あるなるべし。

『てにをは教科書』（個人蔵）

「余」を小さく書いている

【読み】

てにを者（は）教科書

例言

一　此書者（は）、余可（が）、東京大學、及び、東京師範學校等の教授尓（に）、常尓（に）用ひし、筆記なりし可（が）、いつしか、世間尓（に）流布して、漸（やうや）く傳寫（でんしや）をかさね多（た）りしまゝ尓（に）、毎本、魚魯（ぎよろ）の誤り、尠（すく）なからぬを、此度、まゝ多（た）、華族女學校尓（に）ても、用ひらると聞きしか者（ば）、さら者（ば）と、思ひ起して、新多（た）尓（に）、添へ毛（も）し、削りもして、斯く者（は）、上木（じやうぼく）せしなり。され者（ば）、者（は）やう、教授尓（に）用ひしものと者（は）、自ら同じからざる所も、あるなるべし。

「魚魯の誤り」は似た漢字を間違えること、「上木」は出版することを指します。

毛筆で書かれ、連綿している箇所もありますが、平易な書きぶりで、文字の大きさはほぼ揃えられており、「者（は）」「尓（に）」「多（た）」「可（か）」などの基本的な変体仮名に慣れていれば、難しいくずしなどもないので、比較的やさしく読めると思います。

大学生向けの日本語文法書

明治十九年に出版された、著名な国文学者による日本語の文法書で、日本語の助詞が日本語の中でどのように働き、また時制などによってどのように変化するかを説いています。ここに引いた前文部分は、これまで書き写されてきた講義録を出版するに至った経緯を述べています。

『てにをは教科書』を読む ❷

てにをは教科書

豊後　物集高見　著

〔一〕てにをは

てにをはとは、いにしへ、漢字をよむ、便りにとて、其文字のすみぐゝに、□のごとく、點をさして、其點、右にあれば、ヲヿハ、左にあれば、ニカテと定めて、讀みくることあり。それを、ヲヿ點といへりしを、後ちに、左の下よりよみて、てにをはとも、呼びならへり。もと、てにをはとは、ほかの詞に、つけていふ、みじかき、一種の辭にて、其數あれども、うちまかせて、唯ゞ、てにをはといふは、猶、彼の、四十七の假字を、いろはとのみいふ、類ひの如し。されど

次ページへ続く

『てにをは教科書』（個人蔵）

江戸の雰囲気を残した版面

上は本文の冒頭部分で、もともと平安時代初期から寺院などで漢字・漢文を日本語化して読む際、漢字の周辺に点を打って、その位置によって「ヲヿ（コト）ハ」「ニカテ」と助詞として読みわけたことを述べています。実際には四隅だけではなく、数カ所に「ノ」「ハ」などの符号としても打たれました。「てにをは」などの助詞は、文節を明確にするためだという説も紹介しています。「辞」は言葉のこと。

活版印刷もすでに始まっていますが、この本は整版（141ページ参照）で印刷されています。句読点が文節ごとに振られ

假字

仮名のこと

1 「コト」の合字

た初期の例ではないかと思いますが、この教科書の書きぶりは、国語学系の著作であることも影響しているのか、江戸の書物の雰囲気を残したものでした。

【読み】

てにを者(は)教科書

豊後　物集高見(もずめたかみ)　著

〔一〕てにを者(は)

てにを者(は)と者(は)、い尓(に)しへ、漢字をよむ、便(たよ)り尓(に)とて、其(その)文字のすみ〴〵尓(に)、□のごとく、點(てん)をさして、其點、右尓(に)あれ者(ば)、ヲヿ(コト)ハ、左尓(に)あれ者(ば)、ニカテと定めて、讀み多(た)ることとあり。それを、ヲヿ(コト)點といへりしを、後(の)ち尓(に)、左の下よりよみて、てにを者(は)と者(は)、呼びならへり。毛(も)と、てにを者(は)と者(は)、ほ可(か)の詞(ことば)尓(に)、つけていふ、みじ可(か)き、一種の辭(じ)尓(に)て、其數(かず)あれども、うちまかせて、唯多(ただ)、てにを者(は)といふ者(は)、猶(なほ)、彼の、四十七の假字を、いろはとのみいふ、類(たぐ)ひの如し。されど……

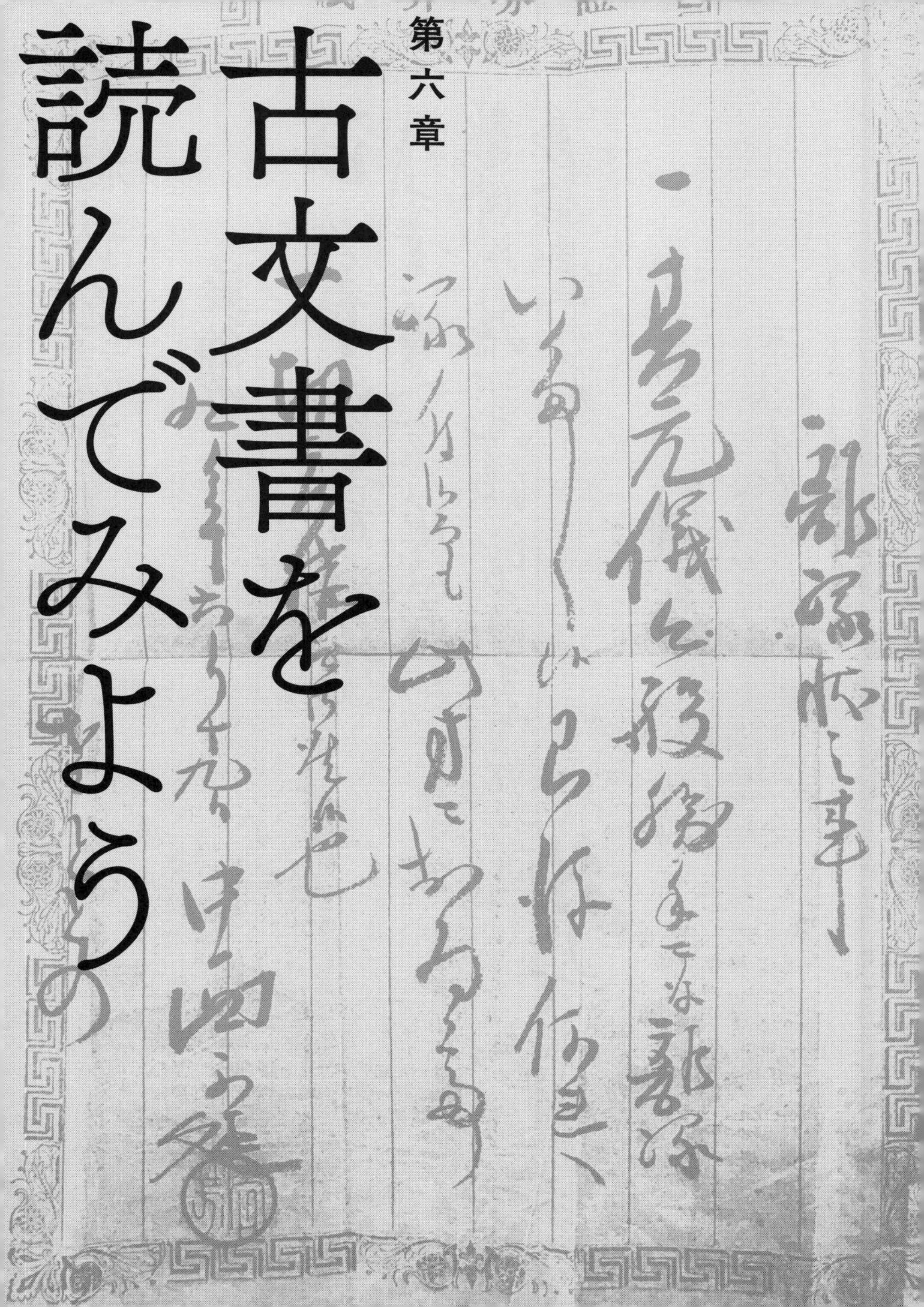

第六章

古文書を読んでみよう

離縁状を読む 1

「離縁状」
（武蔵国多摩郡連光寺村富沢家文書
国文学研究資料館蔵）

「等」のくずしは「ホ」のようになる

ニンベンが上部にある「付」

小さく書かれた「ル」「者（は）」など

【読み】

離縁状之事

一　此きん、善兵衛殿、平八殿両人媒を以
我等妻ニ(に)貰受候処、此度不埒ニ(に)付
離縁致候。然ル上者(は)向後何方江(え)縁付候共
差構無之(これなく)、仍如件(よってくだんのごとし)。

清兵衛(印)

おき無(む)殿

典型的な離縁状のスタイル

続いていわゆる肉筆の「古文書」を読んでみましょう。典型的な離縁状のスタイルです。「きんは、善兵衛、平八の仲人によって私の妻に迎えましたが、けしからぬことがありましたので、離縁いたしました。こうなった以上は、今後誰と再婚しても構いません。このことに間違いありません」といった内容です。

「等」「共」のくずし、ニンベンが上部につく「付」が読みにくいですね。また小さく書かれた「ニ」「ル」「者」「江」などは、前後の文字に紛れてしまいそうです。離縁状には「善兵衛」「清兵衛」などの人名も頻出します。「衛」やそれに続く「殿」のくずしを覚え、それを手がかりに人名と推測します。離縁状の定型は三行半で済んでしまうので、「三行半」とも呼ばれ、「向後何方江縁付候共差構無之、仍如件」などのきまり文句を始めとして、多くが同様の文体で書かれています。「我等」は単数の意味でも使われ「私の」という意味。

離縁状を読む ❷

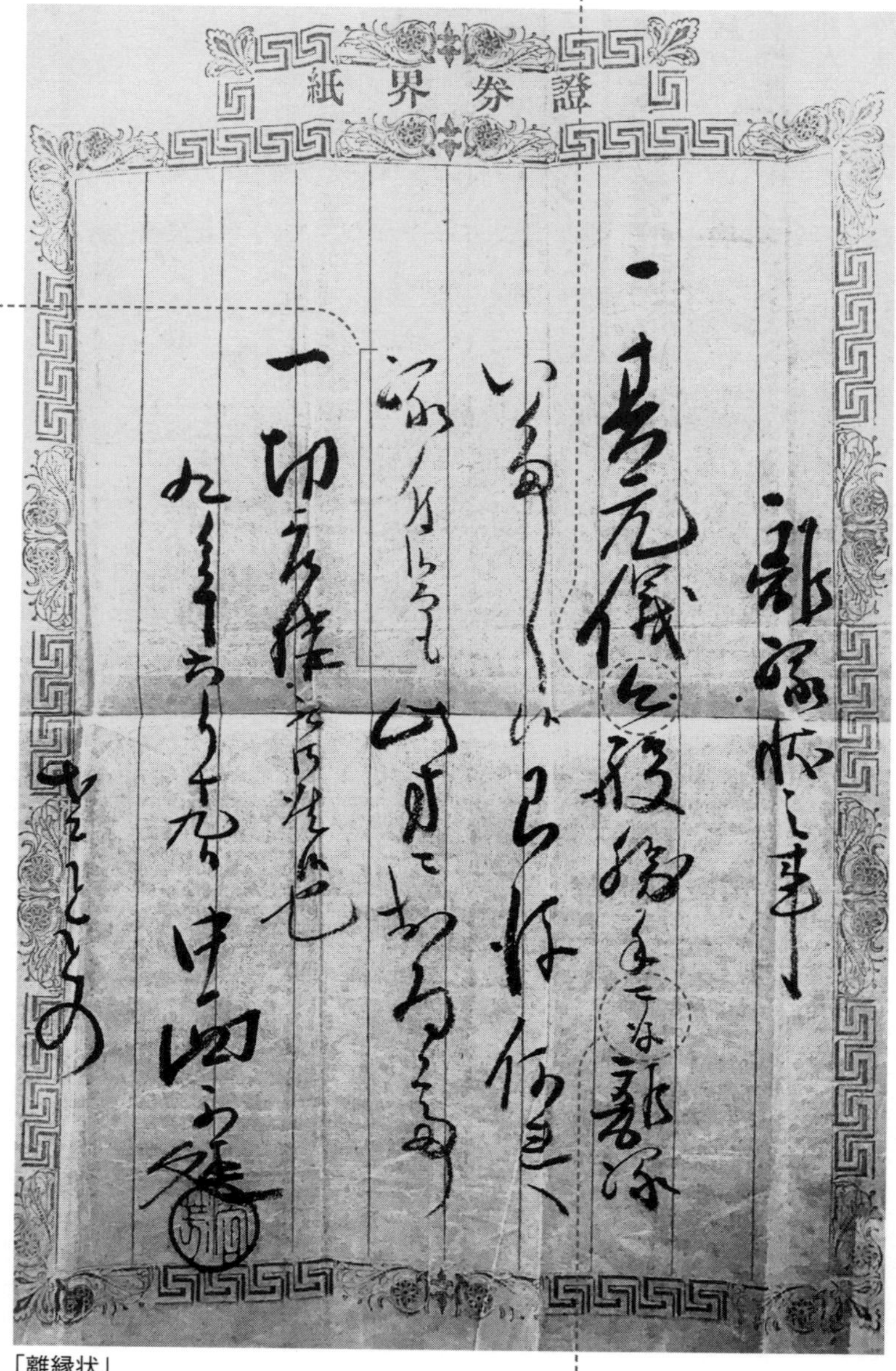

「離縁状」
（武州多摩郡連光寺村富沢分家文書　国文学研究資料館蔵）

「今」のくずし

「縁付候而も」

【読み】

離縁状之事（りえんじやうのこと）

一　其元（そのもと）儀、今般（こんぱん）勝手ニ（に）付離縁

い多（た）し候（さうらふ）。已後（いご）何連（いづれ）へ

縁付候而（えんづきさうらひて）毛（も）、此方ニ（に）於（お）ゐ亭（て）

一切差構無御坐候也（さしかまへなくござさうらふなり）。

九年六月十九日　中西可延（印）

左（さ）とと（ど）の

「二（に）付」

明治の離縁状

このようなスタイルの離縁状は、明治になってからも書かれました。これは明治九年に書かれたもので、証券界紙（契約書などに使われた印紙の機能をもった罫紙）に書かれています。「其元儀」は「あなたについては」、「勝手に付」は「私の都合で」、「已後」は「今後」といった意味。「縁付候而」はくずしもやや難しいですね。「而」は多くの場合小さく書かれ、さまざまな動詞に付属して使われます。「ろ」、「る」のように略され、また「月」もしばしば「り」のように略されます。漢文式の返り読みは使われていませんが、変体仮名は使われています。

差出状を読む

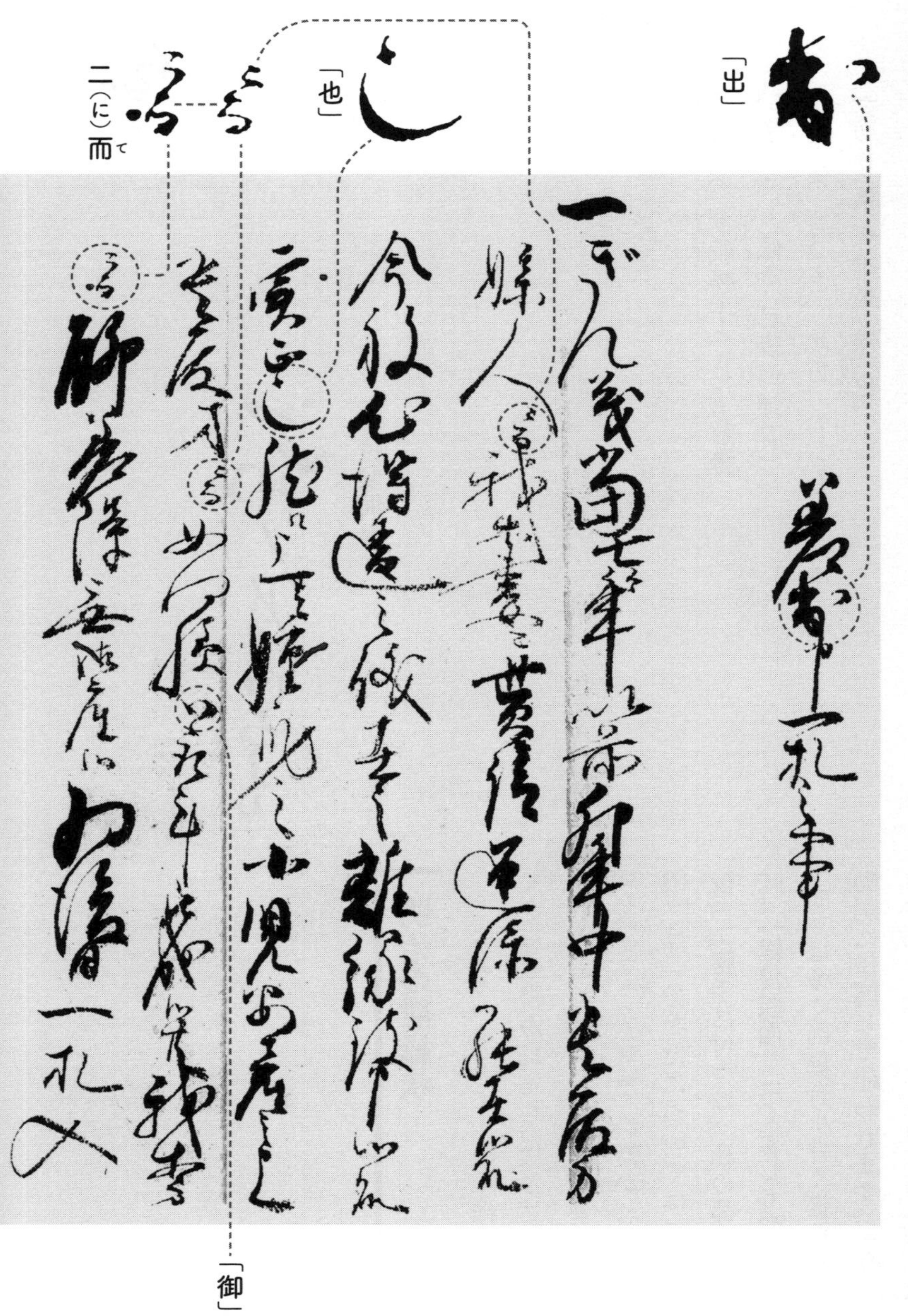

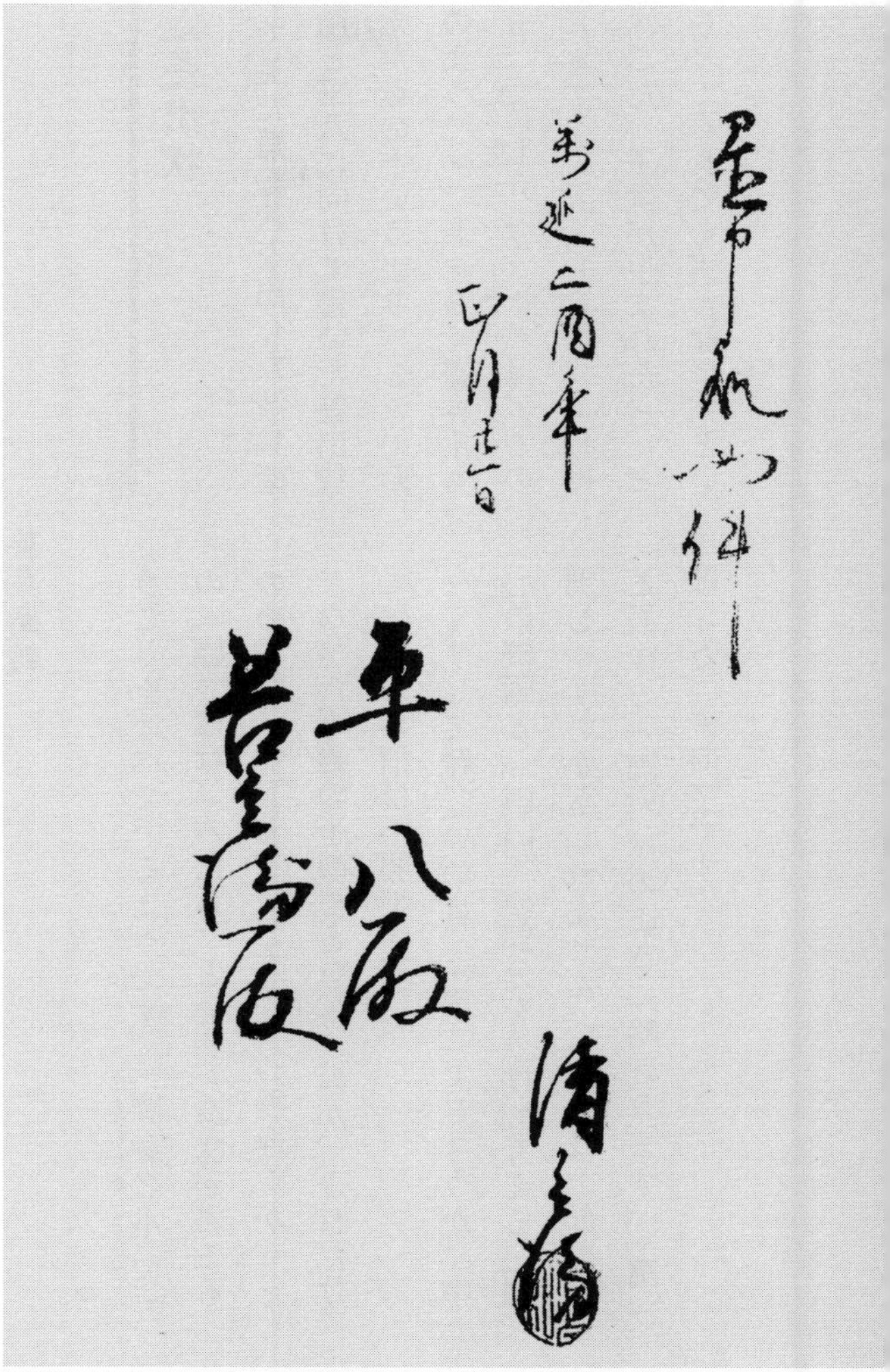

【読み】

差出申一札之事

一

ぎん義當七介（ケ）年以前卯年中貴殿方
媒人ニ（に）而、我等妻ニ（に）貰請、連添罷在候処、
今般心得違之儀在之（これあり）、離縁致申候処
実正也。然ル上者（は）、嫖身之小児安産之上、

「差出状」（武蔵国多摩郡連光寺村富沢家文書　国文学研究資料館蔵）

貴殿方ニ(に)而如何様御取計被成(なされ)候共、我等方
ニ(に)而聊[も]差障無御座候。為後日(ごじつのため)一札入
置申処如件(くだんのごとし)

萬延二酉年
正月廿一日

清兵衛(印)

平八殿
善兵衛殿

仲人にあてた差出状

１５４ページで見た離縁状を出した清兵衛が、仲人の善兵衛と平八に向けて書いた差出状です。これは訴えたものというより、ことの確認のための証文のようです。おそらく書き手も同じ人物でしょう。「當七介(ケ)年」は、この七年(連れ添ってきたが……)といった意味。「心得違」があり、離縁した。子供が生まれたら、どのように取り計らってくれても構わない、ということを述べているようです。「嫖身之小児」の「嫖」には「みだら」といった意味があるものの、「ぎん(きん)」の子が「心得違」がもととなった不義の子のことを言うのか、これだけではその事情は不明です。

くずしで難しいのは、「出」でしょうか。中心の縦画と「凵凵」の部分を分けて考えると判別しやすいかもしれません。「也」は上部の点と最後の一画だけのように略されます。「萬」は「万」の旧字です。

第七章

古文書を読むために

漢字書体の基礎知識

これまで、「楷書」「行書」「草書」という用語を使ってきました。これらは「書体」の名称です。どんな文字にもそれぞれスタイル（書かれる際の様式）がありますが、これを「書体」と呼びます（「字体」ということもあります）。書体は、おもに個人に属している書きぶり「書風」とは異なって、ある社会である時代に共通に書かれる文字のスタイルです。漢字の体系では、この「書体」が単なるデザインや意匠というだけでなくて、宗教的、文化的、ときには政治的な重要な役割を担っています。

「古文書」を読もうとするときにも、この書体の知識が頭に入っていたほうが理解しやすくなると思います。漢字書体の歴史を大ざっぱに見てみましょう。

まず、現在のところ、漢字のもっとも古い形と考えられているのが、紀元前十四世紀ごろの古代中国王朝「殷」で使われた「甲骨文字」で、象形文字の要素を大きく残しています。この書体を始めとして、紀元前三世紀ごろまでに使われた漢字書体を「篆書」（図1）と総称します。30ページにも登場しています。篆書は現在でも印鑑やパスポートの表紙（図2）などにも使われています。

図１｜「泰山刻石」
以下、パスポート以外の図版は『書道全集』より

図２｜パスポート

図３｜「曹全碑」

書体の展開の歴史

この後、複雑な篆書を速書きして生まれたのが、「隷書」です(図3)。隷書は新聞の題字や紙幣などに現在でも使われています。隷書が書きくずされ、点画が省略されてできたのが、草書(図4)です。これが次第に整理され、行書(図5)ができ、これがさらに一画一画が「トン・スー・トン」といった抑揚を伴いながら、明確に書かれるようになったのが、楷書(図6)です。

つまり、少なくとも中国の漢字の歴史では、楷書がくずされて草書ができたわけではなく、歴史的に重要な五つの書体の中では楷書がもっとも遅くできた書体で、おおよそ三世紀半ばごろから書かれるようになりました。

その後、五世紀から七世紀の中国で楷書は、社会の中で広く一般的に使われるようになり、政府が公布する文書も科挙(かきょ)(官吏登用試験)に使われる文字、木版印刷の文字も楷書が中心になりました。

一方日本では、江戸時代以前には一般的には行書・草書が書かれていました。日本で楷書が広く書かれるようになったのは明治期以降です。このことについては26ページのコラムを参考にしてください。

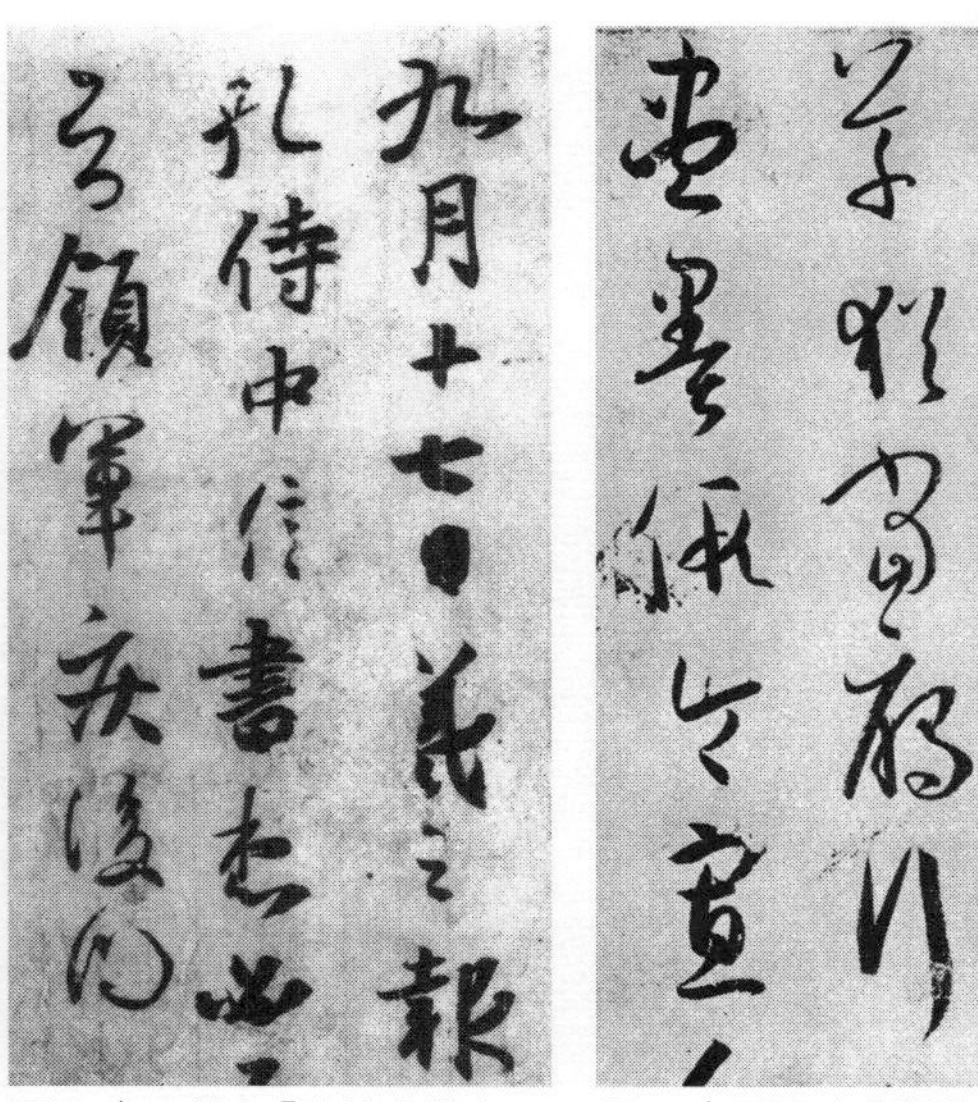

図4 | 孫過庭「書譜」

図5 | 王羲之「孔侍中帖」

図6 | 「美人董氏墓誌」

日本の仮名ができるまで

日本にはもともと文字はありませんでした。漢字が中国から朝鮮半島経由で本格的に日本に入ってきたのは、三世紀以降のことだと考えられますが、漢字の音を借りて、日本語を表記することは、おおよそ五世紀ごろから始まっています。当初は、固有名詞などに始まり、次いでたとえば「こころ」は「許己呂」というふうに日本語の文字に漢字の音を当てて書くようになったのです。ただ、この際「許己呂」の漢字の意味は考慮されません。日本で現存する最古の歌集『万葉集』にこの表記が使われたので、これを「万葉仮名」と呼びます（図7）。たとえば次のように書かれました。

うらうらに照れる春日にひばり上がり情悲しもひとりし思へば
宇良宇良爾照流春日爾比婆理安我里情　悲毛比登里志於母倍婆

万葉仮名は、楷書または行書で書かれたとされていますが、比較的短期間で（八世紀ごろから九世紀にかけて）、大胆に省略され、書きくずされるようになりました。この結果成立したのが、日本語の一音を一字で表記する仮名です。たとえば「い」は漢字の「以」を、「ろ」は「呂」、「は」は「波」をそれぞれ字母と

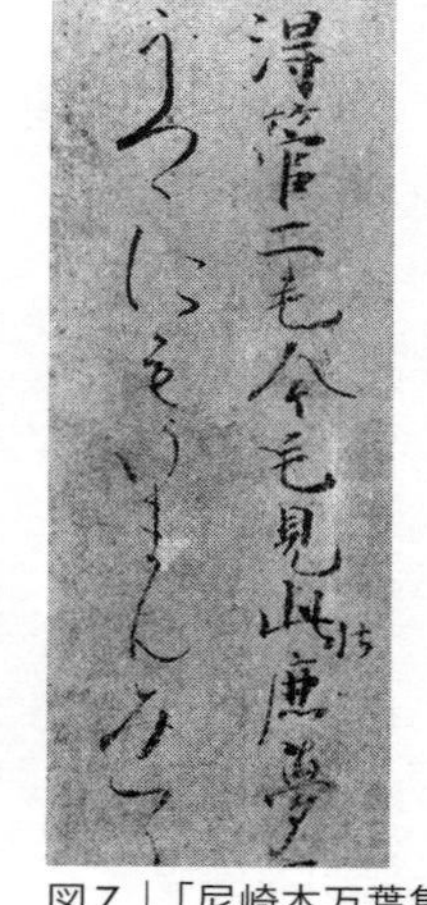
図7｜「尼崎本万葉集」（『書道全集』）

平仮名・片仮名の字母表

平仮名	字母	片仮名	字母
あ	安	ア	阿
い	以	イ	伊
う	宇	ウ	宇
え	衣	エ	江
お	於	オ	於
か	加	カ	加
き	幾	キ	幾
く	久	ク	久
け	計	ケ	介
こ	己	コ	己
さ	左	サ	散
し	之	シ	之
す	寸	ス	須
せ	世	セ	世
そ	曽	ソ	曽
た	太	タ	多
ち	知	チ	千
つ	川（州）	ツ	川

していいます。しかし、26ページのコラムでも述べたように、現在字母となっている漢字以外にもたとえば「あ」には「阿」「悪」「愛」をくずした文字も使われました（変体仮名）。平仮名は漢字の草書体をもとにしていますから、草書体の漢字仮名交じり文には漢語と日本語が同じ形をして入り交じっていることになります。

定型化した書風「御家流」

日本最初の勅撰集『古今和歌集』（九〇五）には漢文による「真名序」に加えて仮名による「仮名序」があるので、仮名は九世紀後半にはほぼ完成していたと考えられています。この仮名が和歌や『源氏物語』などの物語文学と深い関係にあることはご存知の通りです。この後、平仮名は流れるような連綿と行の頭を揃えない「散らし書き」の表現によって洗練されていきますが、おもに鎌倉時代以降、貴族だけでなくさまざまな階層の人々が文字を書くようになって、漢字仮名交じりの書きぶりは、次第に定型化していきます。南北朝期の尊円親王（そんえんしんのう）の「青蓮院流（しょうれんいんりゅう）」をもとにした書風が江戸時代になって広く書かれた「御家流」（24・67ページ参照）の源流とされています。

片仮名は、仏典など漢文の字間に送り仮名や振り仮名を書き込むために漢字楷書の一部を省略したもので、「イ」は「伊」、「ロ」は「呂」を字母にしています。表は、現行の仮名（変体仮名ではないもの）の字母を示したものです。

て	と	な	に	ぬ	ね	の	は	ひ	ふ	へ	ほ	ま	み	む	め	も	や	ゆ	よ	ら	り	る	れ	ろ	わ	を	ん
天	止	奈	仁	奴	祢	乃	波	比	不	部	保	末	美	武	女	毛	也	由	与	良	利	留	礼（禮）	呂	和	遠	无
テ	ト	ナ	ニ	ヌ	ネ	ノ	ハ	ヒ	フ	ヘ	ホ	マ	ミ	ム	メ	モ	ヤ	ユ	ヨ	ラ	リ	ル	レ	ロ	ワ	ヲ	ン
天	止	奈	二	奴	祢	乃	八	比	不	部	保	万（末）	三	牟	女	毛	也	由	与	良	利	流	礼	呂	和	乎	諸説あり

コラム

古文書を読むための ブックガイド

古文書の入門書は非常に多く出版されていて、初心者から上級者まで、難易度ごとにさまざまな種類があります。どれを選ぶか迷うところです。初心者はやはり仮名、それも「変体仮名」の存在とバリエーションから学び始めるのが一番いいのではないかと思います。

小林正博『これなら読める！ くずし字・古文書入門』（潮新書）は、明治初期の小学校の教科書を読んでいくという構成です。読んでいくうちに変体仮名やくずし字（行草体）に対する抵抗感が少なくなっていくのではないかと思います。

「古文書」に挑戦するにあたっては、一件一件が短くて現在の私たちにも親しみやすい題材を扱った高木侃『三くだり半からはじめる古文書入門』（柏書房）がいいでしょう。繰り返し読めば、漢字仮名交じり文が少しずつ読めるようになったことを実感できると思います。古文書が書かれていた時代に生きた人々の生活にも興味が出てきましたら、長田かな子『相模野に生きた女たち―古文書にみる江戸時代の農村』（有隣堂）などがあります。

さて、独力で古文書を読もうとするときに必要なのが字典（辞典）です。初心者には文字を精選している、林英夫監修『入門古文書小字典』（柏書房）が使いやすいでしょう。部首の見当がつかないときには、起筆（文字の最初の画）の形から検索する児玉幸多編『くずし字解読辞典』（東京堂出版）があります。辞典を使いながら実践的な古文書の独習の方法が解説されているのが、油井宏子『くずし字辞典を引いて古文書を読もう』（東京堂出版）です。伏見冲敬編『角川書道字典』（角川書店）などの書道系の字典もときに有用です。

本格的に戦国武将の書状などに挑戦するには、渡邊大門『戦国古文書入門』（東京堂出版）などがあります。また、日本で使われてきた文字の全体像を知るには、沖森卓也ほか『図解 日本の文字』（三省堂）があり、活版印刷が普及し始めた明治時代の変体仮名の実際の使われ方については今野真二『百年前の日本語』（岩波新書）が啓発的です。

このほかにも自治体でその地方の古文書を翻刻している場合もありますから、検索してみてください。自分で資料そのものを見つけて読んでみるのも楽しいものです。往来物などは古書店でも比較的入手しやすいですし、国立国会図書館の「デジタルコレクション」には、江戸期をはじめとする書物、文書類が多く公開されています。また、国文学研究資料館の「新日本古典籍総合データベース」なども有用です。ぜひ挑戦してみてください。

資料編

古文書に親しむための小字典

凡例

本書で紹介した文献の字例を中心に、古文書に見られる漢字と仮名のごく一部を掲げた。採録した字例は少なく、もとより網羅的なものではないが、古文書に親しむためにくずしのさまざまなあり方の一端として参考にしていただきたい。版本などからも採録しているため、一部字形が鮮明でないものも含まれている。

〈漢字編〉

約一二〇字、約三三〇字例を漢字部首の画数順に配列した。原則的に実際に楷書で書かれる部首の字形に従った（扌／手など）。旧字／新字など、異体字がくずされている例を含む場合は、親字にカッコ書きで示した。読みも代表的なものを挙げるにとどめた。索引は13ページ参照のこと。

〈変体仮名編〉

五十音順に配列した。字母もくずし方も網羅的なものではない。

〈熟語・よく使われるフレーズ編〉

頻繁に使われる熟語、言い回しなどを一〇〇例ほど集めた。

漢字編

部首		
一	下 ゲ・した・くださる	上 ジョウ・うえ・あがる
	不 フ・～ず	
丶	之 の・これ・この	
ノ・乙・亅	乍 ながら	也 ヤ・なり
	事 こと・つかえる	
人（亻）・儿	今 コン・いま	以 イ・もって
	仕 シ・つかえる・つかまつる	付 フ・つき・つけ
	件 ケン・くだん	

何 いずれ・なに

作 サク・つくる

候 コウ・そうろう

偖 さて ※扨の別字

儀 ギ

先 さき・まず

八

共 とも・ともに

其 その・それ

几・凵

処（處） ショ・ところ

出 シュツ・でる・だす

刀（刂）・力・十・卩・又

分 フン・ブン・わける

前 ゼン・セン・さき・まえ

勝 ショウ・かつ・まさる

廿 にじゅう

印 イン・しるし

即 ソク・すなわち

受 ジュ・うける

口

可 カ・べし

品 ヒン・しな

啓 ケイ・ひらく・もうす

部首	字	読み
土・夕・大	在	ザイ・あり
	夜	ヤ・よる
	奉	ホウ・ブ・たてまつる
女・子	如	ジョ・ごとし
	存	ゾン
宀・小	安	アン・やすい
	実（實）	ジツ
	家	カ・いえ
	当（當）	トウ・まさに
山・川・工	嶋	しま
	州	シュウ・くに
	差	サ・さし
干	年	ネン・とし
	幷（并）	ならび
广・弓	度	ド・たび
	座（坐）	ザ
	弥（彌）	いよいよ
彡・彳	形	ギョウ・かたち
	後	ゴ・のち・あと
	得	トク・うる
	御	ゴ・ギョ・おん

扌(手)・辶(辵・辶)

承 ショウ・うけたまわる

拝(拜) ハイ

迄 まで

阝

随 ズイ・したがう

心・戈・攵

心 シン・こころ

成 セイ・なる

我 われ・わが

或 あるいは

敷 しく

斤・方・日・曰・月

新 シン・あたらしい

方 ホウ・かた

明 メイ・ミョウ

昨 サク

春 シュン・はる

時 ジ・とき

暇 ひま・いとま

書 ショ・かく

月 ゲツ・つき

月(肉)・木・止・殳・气

能 ノウ・よく

来(來) ライ・くる

様(樣) ヨウ・さま

正 セイ・ショウ・まさ

此 この

段 ダン

殿 デン・との・どの

気（氣） キ

灬（火）

為 イ・ため

然 ネン・しかり

無 ム・なし

牛・耂（老）・用

物 ブツ・もの

者 シャ・もの

用 ヨウ・もちいる

田・皿

申 シン・もうす

尽（盡） ジン・つくす

目

直 チョク・ね

相 ソウ・あい

竹・糸・羊

等 トウ・ら

節 セツ・ふし

給 キュウ・たまう

結 ケツ・むすぶ

縁 エン・ふち

義 ギ・よし

而・耳

而 ニ・て

聊 いささか

至・行・衣

致 いたす

行 コウ・ギョウ・ゆく・おこなう

衛（衞） エイ・エ

被 ヒ・る・らる

見・言・貝・足・身

見 ケン・みる

親 シン・おや

証（證） ショウ・あかし

詫 わび

誰 だれ

請 セイ・うける

貧 ヒン・まずしい

貴 キ・とうとい

足 ソク・たる

身 シン・み

金・釒・門

金 キン・かね

銭（錢） セン・ぜに

門 モン・かど

間 カン・あいだ

関 カン・かかわる

隹・非

難 ナン・むずかしい

非 ヒ・あらず

頁・風

願 ガン・ねがい

風 フウ・かぜ

変体仮名編

現行の平仮名の字母となった文字を冒頭に掲げ、平仮名の例も加えた。

あ

安

阿

い
以
伊

う
宇

え
衣

お
於

か
加
可
閑

き
幾

支

起

く

久

具

け

計

介

希

氣

こ

己

許

古

故

さ

左

佐

し

之

志

す

寸

寿

春

須

せ

世

勢

そ

曽

楚

た

太

多

堂

ち

知

遅

つ

川

徒

津

都

て

天

亭

と

止

登

な
奈
那
に
仁
二
爾
耳
丹
ぬ
奴
怒
ね
祢
年

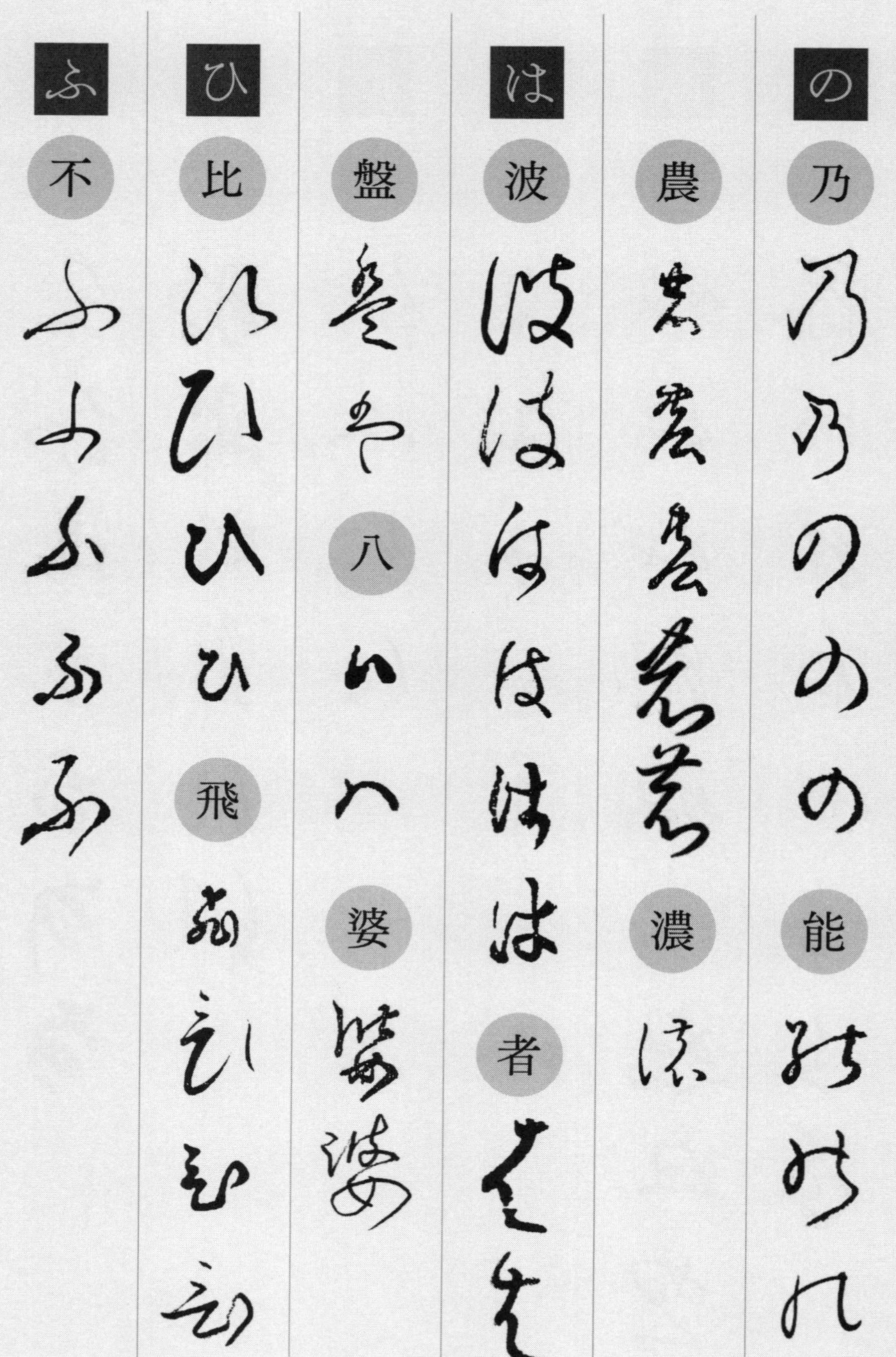
の
乃
能
農
濃
は
波
者
盤
八
婆
ひ
比
飛
ふ
不

へ

部

遍

ほ

保

本

ま

末

万

満

み

美

三

む

武

無

め
女
免
も
毛
裳
や
也
屋
ゆ
由
遊
よ
与
ら
良
羅

り

利

里

梨

る

留

流

類

累

れ

(禮)礼

連

ろ

呂

路

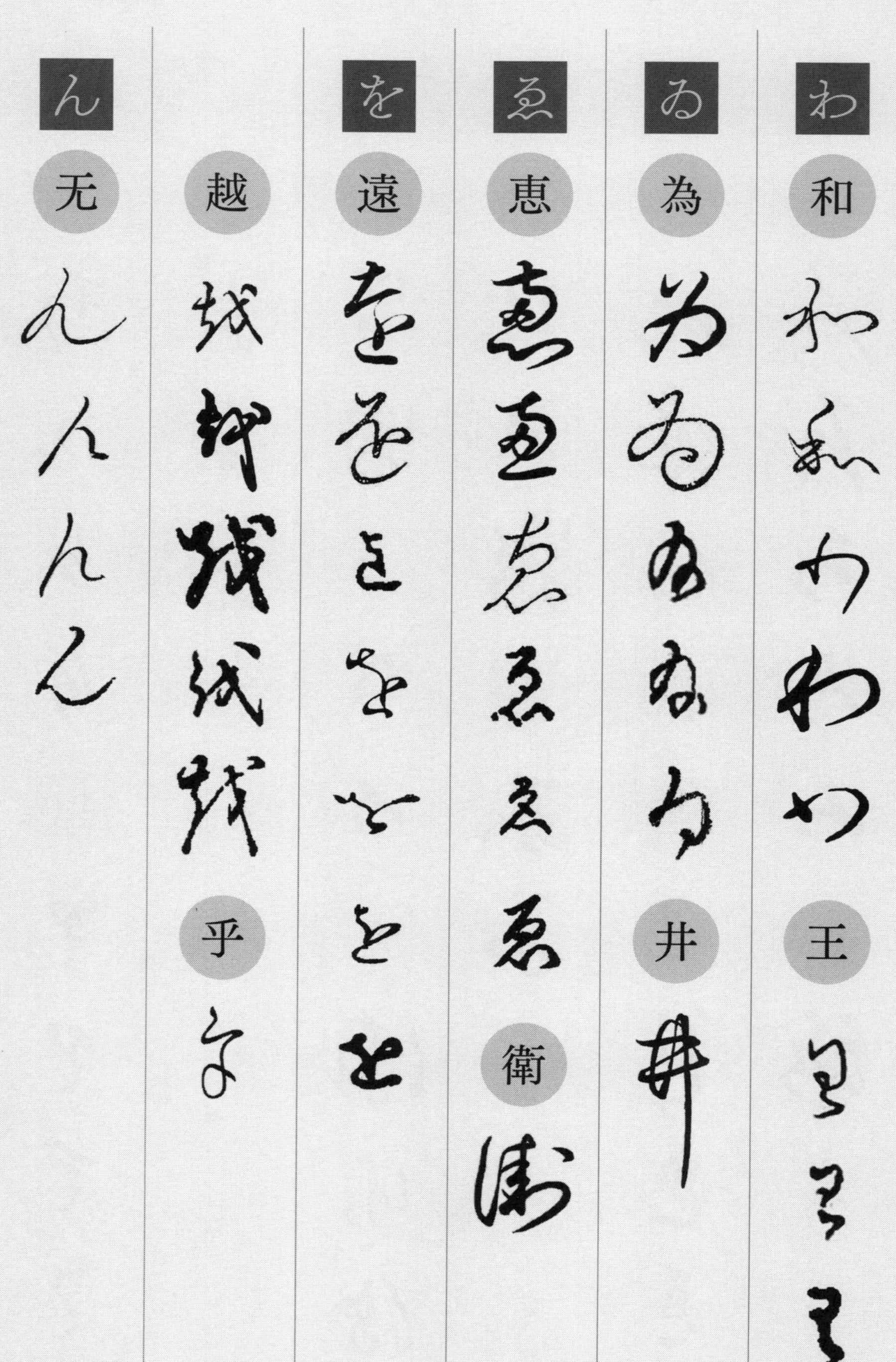
わ
和
王
ゐ
為
井
ゑ
恵
衛
を
遠
越
乎
ん
无

不相変　あいかわらず

預り　あずかり

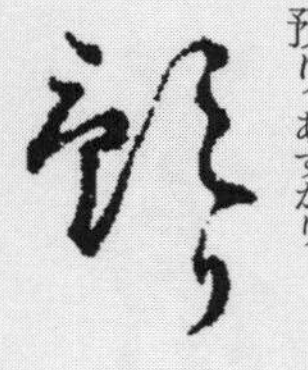

如何　いかが

弥御機嫌能　いよいよごきげんよく

相定　あいさだめ

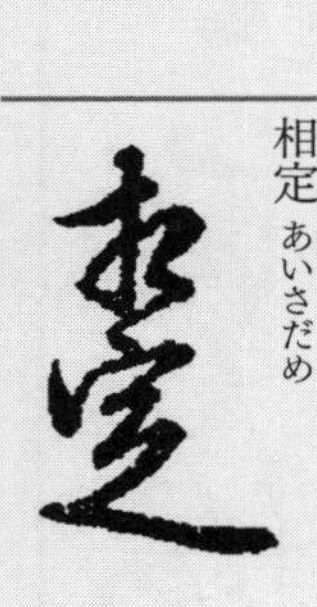

あら春　あらず

以上　いじょう

受負　うけおい

相成　あいなり

難有　ありがたく

難致　いたしがたく

承置候　うけたまわりおきそうろう

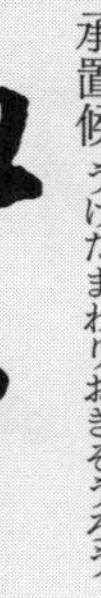

御伺ひ申候　おうかがいもうしそうろう

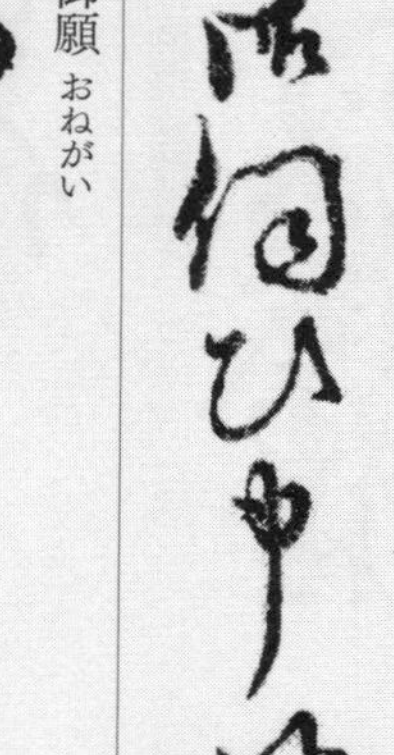

御願　おねがい

貴殿　きでん

恐々謹言　きょうきょうきんげん
意味…書簡の末尾につける敬語

恐惶謹言　きょうこうきんげん
意味…書簡の末尾につける敬語

御蔭　おかげ

御詫申入　おわびもうしいれ

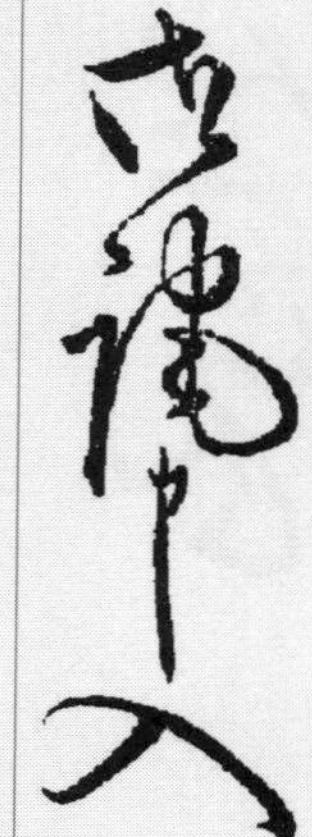

向後　きょうこう・こうご――意味…こののち

如件　くだんのごとし

於くる　おくる

関係　かんけい

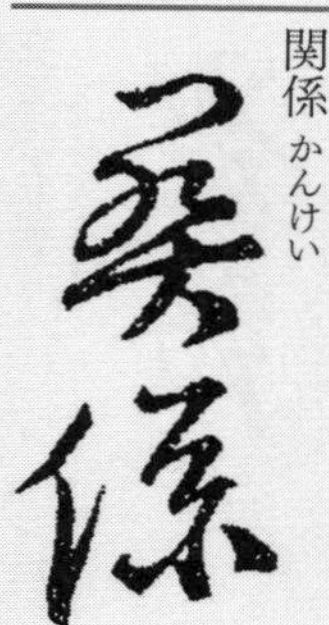

厳敷　きびしく

後悔　こうかい

為後日　こうじつのため

御座(坐)候　ござそうろう

御入用　ごにゅうよう

此段　このだん

御無沙汰　ごぶさた

御来駕　ごらいが ― 意味…来てくださる

差上　さしあげ

差出　さしだし(さしいで)

参上　さんじょう

然ル上　しかるうえ

然連とも　しかれども

糸竹　しちく（いとたけ）―意味…管弦

悉皆　しっかい―意味…すべて

実正也　じっしょうなり―意味…確かである

熟議之上　じゅくぎのうえ―意味…よく相談の上

熟談　じゅくだん

消息　しょうそく

承知　しょうち

證文　しょうもん

し流春　しるす―意味…記す

拙者　せっしゃ

相違無之候也　そういこれなくそうろうなり

無相違　そういなく

其比　そのころ

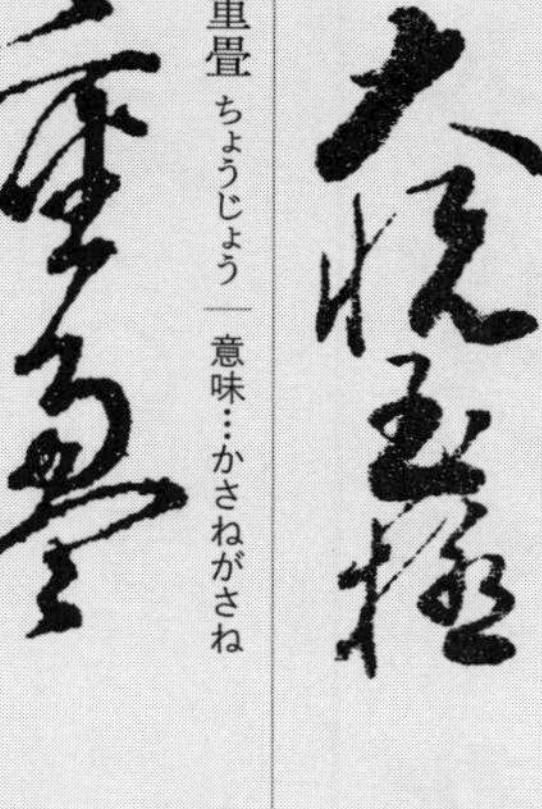

大悦至極　たいえつしごく

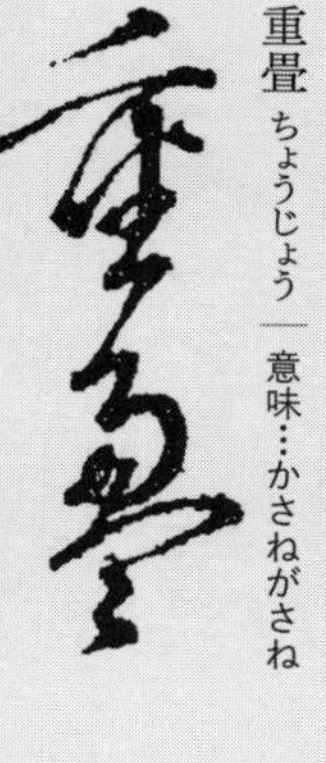

重畳　ちょうじょう　―　意味…かさねがさね

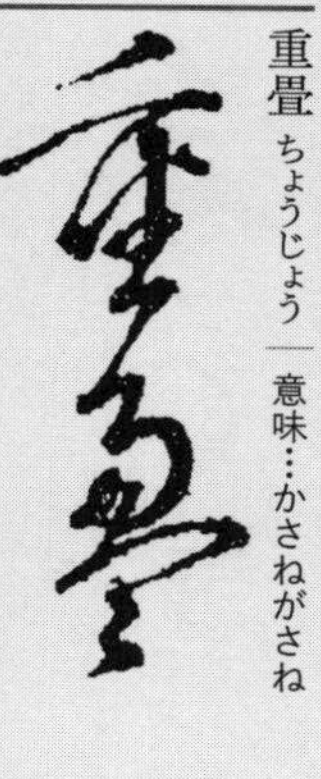

頓首　とんしゅ　―　意味…書簡の末尾につける

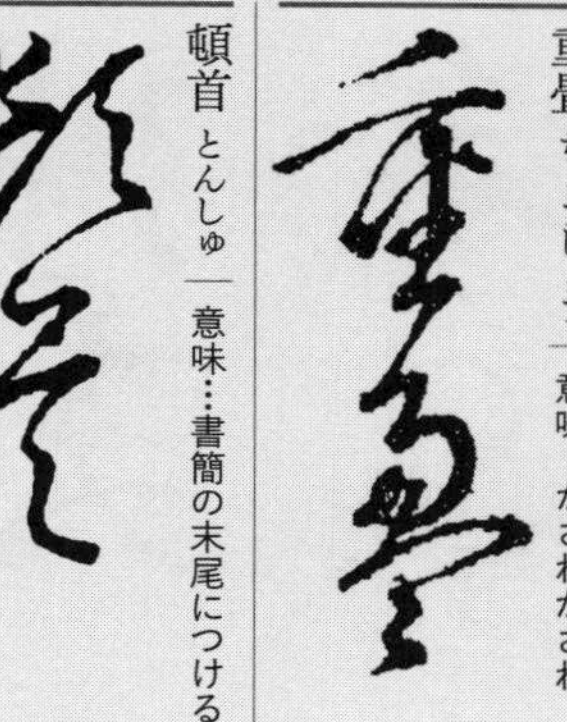

成るべく　なるべく

其許儀　そのもとぎ　―　意味…あなたは

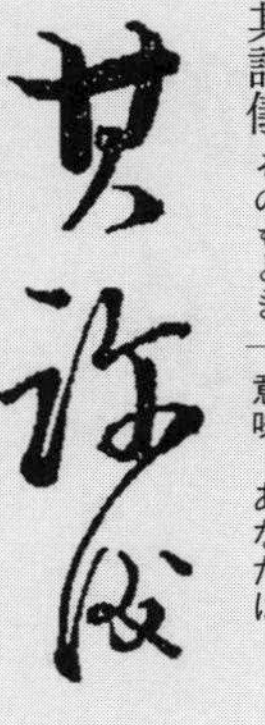
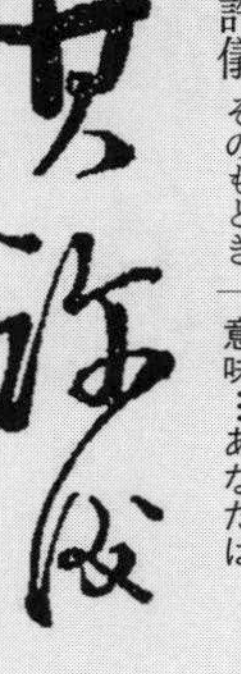

澤山二　たくさんに

時耳依天　ときによりて

可被成下候　なしくださるべくそうろう

二而　にて

其許義　そのもとぎ

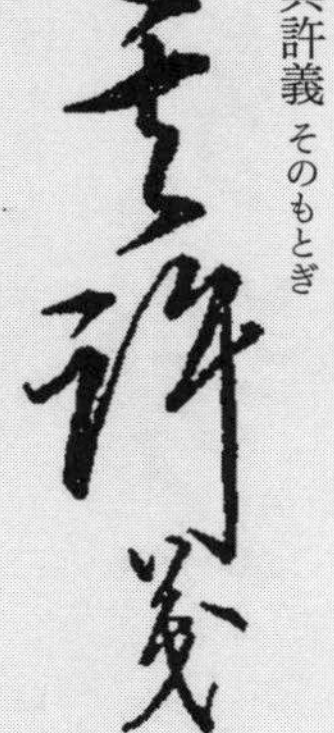

てふ　ちょう　―　意味…という

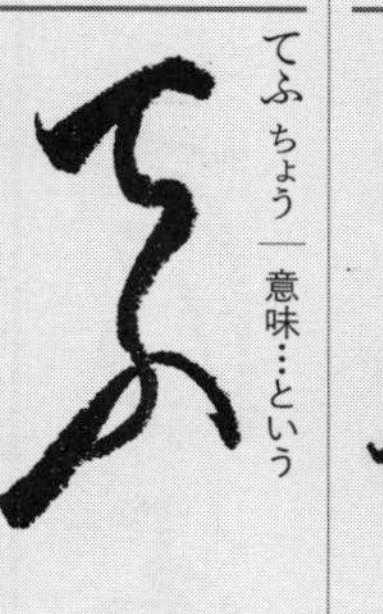

取極　とりきわめ

何卒　なにとぞ

直段　ねだん

拝啓　はいけい

拝見　はいけん

乍憚口上　はばかりながらこうじょう

引受　ひきうけ

偏奉願候　ひとえにねがいたてまつりそうろう

病氣　びょうき

無事　ぶじ

返事　へんじ

奉公　ほうこう

三行半　みくだりはん
—意味…離縁状

身分　みぶん

明晩　みょうばん

若萬一　もしまんいち

貰請 もらいうけ

不得止 やむをえず

仍而 よって

仍件如 よってくだんのごとし
意味…以上のとおりである

仍而件如 よってくだんのごとし

離縁状 りえんじょう

我方 われかた

我等 われら
意味…わたくし

我等方 われらかた

古賀弘幸（こが・ひろゆき）

1961年福岡県生まれ。法政大学文学部卒。

大東文化大学書道研究所 客員研究員。

書道史と文字文化が専門。

主な企画・編集に『書の総合事典』（柏書房）、

著書に『書のひみつ』（朝日出版社）、『文字と書の消息』（工作舎）がある。

装丁　石川直美（カメガイ デザイン オフィス）

本文デザイン・DTP　桜井雄一郎＋佐野淳子（ロウバジェット）

編集協力　矢島美奈子（天夢人）

特別協力　金子 馨（出光美術館学芸員）

森 和也（中村元東方研究所専任研究員）

柳田さやか（東京藝術大学助手）

編集　鈴木恵美（幻冬舎）

知識ゼロからの古文書を読む

2020年6月25日　第１刷発行

2024年1月20日　第２刷発行

著　者　古賀弘幸

発行人　見城 徹

編集人　福島広司

編集者　鈴木恵美

発行所　株式会社 幻冬舎

〒151-0051　東京都渋谷区千駄ヶ谷4-9-7

電話　03-5411-6211（編集）　03-5411-6222（営業）

公式HP：https://www.gentosha.co.jp/

印刷・製本所　株式会社 光邦

検印廃止

ISBN978-4-344-03630-7 C2076
Printed in Japan

この本に関するご意見・ご感想は、

下記アンケートフォームからお寄せください。

https://www.gentosha.co.jp/e/